신탁과 법인의 역사

원제: TRUST UND KORPORATION

F. W. MAITLAND 저
현병철 · 최현태 역

세창출판사

국립중앙도서관 출판시도서목록 (CIP)

신탁과 법인의 역사/F. W. Maitland 저; 현병철, 최현태 역. --
서울 : 세창출판사, 2007
p. ; cm

원서명: Trust und Korporation
ISBN 978-89-8411-173-8 93360 : ₩18000

365.7809-KDC4
346.05909-DDC21 CIP2007002238

TRUST UND KORPORATION

譯者 序文

본서는 원래 메이틀란드가 1905년에 발표하였던 논문(Frederic William Maitland, "Trust und Korporation", *Grünhuts Zeitschrift für das Privat- und Öffentliche Recht*, Bd. XXXII에 게재되었던 것)을 번역한 것이다. 그 후 이 논문을 H. L. Fisher가 메이틀란드의 논문집인 "*Collected Papers*(First Published, Cambridge Press, 1911)" 제3권에 수록하였고, 케임브리지 대학의 "H. P. Hazeltine, G. Lapsley, P. H. Winfield, Maitland, Trust and Corporation, *Selected Essays* (1936)"라는 논문집에 한 번 더 수록되었다. 본서는 최초로 학술지에 실렸던 논문을 주로 해서 번역하였고, 케임브리지 대학에서 두 번째로 논문집에 실었던 것을 참조하였다. 그리고 우리와 유사한 법률용어를 사용하고 있는 일본의 森泉 章 監譯, 『メイトランド法人と信託』, 日本評論社, 1988도 참조하여 법률용어를 선택하는 데 도움을 받았다. 본서의 제목을 저자의 원제목인 'Trust und Korporation(신탁과 법인)'과 달리하고 있는 이유는 본서를 처음 대하는 독자들의 입장에서 책의 내용 파악에 보다 더 도움이 될 것이라는 역자의 판단에서이다.

이 역서에는 독자들의 이해를 돕기 위해 비교적 생소한 지명이나 인물, 역사적 사실 등은 인명·지리·역사서들을 참조하여 역자주(譯者註)를 달았다. 그리고 현재 사법(私法)이나 신탁법상(信託法上)으로 설명이 가능한 부분들에 대해서는 역자주에서 간단히 언급하기도 하였고 좀더 설명이 필요하다고 생각되는 부분은 해제(解題)에서 다루었다. 원저자의 주(註)는 비록 현재 통용되는 인용방식에 부적합한 면이 있더라도 원문에서 표기하고 있는 방법 그대로 표기하였다. 역자(譯者)는 무엇보다도 가급적 메이틀란드가 살고 있던 당시의 배경과 학풍에 비추어 저자의 의도를 파악하는 데 중점을 두려 노력하였지만, 그 과정에서 오역(誤譯)한 부분도 상당히 있으리라 짐작한다. 저자의 깊은 사고를 이해하는 데 부족함이 많았음을 독자들에게 널리 양해를 구하며 부족을 지적해 주신다면 행운으로 여기겠다. 다만 한 가지 바라는 것이 있다면 앞으로 본서가 계기가 되어 영국법에 관한 메이틀란드의 많은 저서들이 연구되었으면 한다.

마지막으로 아직 국내에서는 영국법사(英國法史)나 신탁법(信託法)을 전공하시는 분들 외에는 비교적 생소한 메이틀란드를 국내에 소개하고자 하는 역자의 욕심을 출판에까지 이르도록 도와주신 주위 많은 분들과 세창출판사 관계자 여러분께 깊은 감사를 드린다.

2007. 7.
역 자 씀

차 례

I 英國 信託制度의 基本體系

일반적 法制度: 信託

그렇게 오래 된 일은 아니지만, 레틀리히 박사(Dr. J. Redlich)[1] 로부터 — 그의 『영국의 지방행정(*englische Lokalverwaltung*)』이라는 저서는 영국에서도 극찬을 받고 있다 — 본 논집에 영국의 법인(法人)과 신탁(信託)에 관해서 필자가 기술해오던 부분에 대해 약간 논의할 수 있는 영광스러운 기회를 얻었다.[2] 그 후 레틀리히 박사의 도움으로 같은 주제에 대해서 좀더 부연설명할 수 있도록 허락을 받았다. 이러한 연유(緣由)로, 필자가 아는 한도에서는, 영

1) [역자주] 레틀리히(Josef Redlich: 1869-1936)는 오스트리아의 법학자, 역사가, 정치가로 빈(Wien)대학의 교수이었다. 비교법학(比較法學) 연구에 많은 업적을 남겼다. *Grünhuts Zeitschrift für das Privat - und Öffentliche Recht*, Bd. XXX, 1903에 "Zur Theorie und Kritik der englischen Lokalverwaltung"이란 논문을 실은 바 있다.

2) *Ibid.*, Bd. XXX, S. 167.

국 법제사에서 주목받아야 할 가치가 충분한데도 주목을 거의 받지 못하고 있던 한 부분에 대해 주의를 환기시킬 수 있게 되었다.

대양의 건너편에 살고 있는 영국인들이 이 섬나라의 제도에 상당히 기여했던 외국의 연구자들에게 마음 깊이 감사하고 있음은 두말할 필요도 없으리라 생각한다. 그들 연구자들은 외부에서 영국을 관찰하여 왔기 때문에 많은 부분에 대해서 영국인들을 가르칠 수 있었다. 그러나 영국의 고대법과 근대법을 모두 연구해 왔다는 사실이 단지 영국을 위한 일이었던가는 여전히 알 수 없다. 영국이 비록 19세기에 가장 주목해야 할 과학적 성과(成果) 중의 하나인 역사법학(歷史法學)의 발전에 적극적이었다고는 할 수 없지만, 그렇다고 하더라도 현저한 역할을 담당했었다는 점만은 옳지 않을까? 독일법사학 연구자들(Germanist)[3]이 자국에서는 찾고 싶어도 찾아내지 못했던 바로 그 증거, 즉 일정한 증명의 고리 중 빠져 있던 한 개의 고리를 찾아 연결시키려고 노력하는 일들을 영국에서 계속해서 되풀이하여 왔다. 독일법사학 연구자들의 이론이 영국의 사료에 기인하여 검증되기까지 논쟁이 끊이지 않았다고 말해도 지나침이 없으리라.

그런데 법제사를 연구하는 사람, 특히 게르만법과 관계되어

---

3) [역자주] 보통 게르마니스트 또는 게르마니스텐이라 하며 독일 역사법학자들을 일컫는다. 독일 역사법학자들은 자연법사상의 법전편찬론(法典編纂論)에 대한 반향에 의한 국민주의적 요구에서 기인한 민족정신에 기초하고 있었다. 이들은 입법을 경시(輕視)하고 관습에서 민족정신의 발현을 이끌어 내고자 하였다. 대표적인 학자로는 독일법사의 아버지라 불리는 아이히호른(Karl Friedrich Eichhorn)과 그림 형제로 알려져 있는 야콥 그림(Jacob Grimm), 그리고 베젤러(Georg Beseler), 고대 게르만인의 단체법을 연구한 기르케(Otto von Gierke) 등이 있다.

있는 사람으로서, 필자는 영국의 법제도(Rechtsinstitut)에 대해서 레틀리히 박사가 아래와 같이 이야기했던 것 이상으로 적절하게 표현하고 있는 문장을 본 적이 없다. 즉,

> "신탁이라는 법제도는 원래 영국 토지소유법(土地所有法, das englische Grundeigentumsrecht)의 어떤 필요에서 발생하였지만 점차 일반적 법제도로서 형성되었다. 그리하여 법생활 전 영역에 결쳐 매우 세련되고 심지어 이상적(理想的)인 형태이기까지 한 관념이 확립되었다."

영국 法體系上 신탁의 위치

영국의 신탁은 정말 위대한 업적이다. 여태까지 세상에서 볼 수 없었던 아주 강력한 상사회사(商事會社)가 미국에서 'Trusts'라는 이름으로 널리 알려져 있음을 알고 있는 사람일지라도 — 물론 알지 못하는 사람이 없다고 생각되지만 — 영국의 신탁은 분명히 의식적으로라도 살펴볼 필요가 있는 부분이다. 그리고 이러한 사실은 신탁에 관한 최근 업적에 불과하다. 물론 레틀리히 박사(Dr. Redlich)가 신탁을 '일반적인 법제도(allgemeine Rechtsinstitut)'로 기술하고 있는 태도는 타당하다. '신탁'은 '계약(契約, Vertrag)'이 가진 보편성과 탄력성을 모두 가지고 있다. 사법의 세밀한 부분에까지 관심을 가지고 있지 않는 사람이라 하더라도 영국을 알고 싶어하는 사람이라면 누구나 신탁에 대해서 조금은 알아야 한다.

외국법의 주된 특색에 정통(正統)하지 못한 영국의 법률가가 독일의 신민법전(新民法典)을 받아들이는 모습을 마음속으로 그려

보자. 그 법률가는 다음과 같이 평가할 것이다. "신탁은 모든 면에서 독일 법률가들의 높은 평판에 걸맞은 칭송을 받아야 할 업적이라 생각한다. 그러나 사실 독일 신민법전은 분명히 독일 사법(私法)을 속속들이 반영하지는 못했다. 분명히 그 내용 중에 커다란 빈틈이 있다. 나는 신탁을 찾아보기 위해 노력해 보았지만 신탁에 대한 부분을 발견할 수 없었다. 개인적인 생각으로 신탁을 빼놓는다는 것은 마치 계약을 빼놓는 것과 마찬가지의 결정적인 결점이 있다." 그렇다면 그 법률가는 '신탁법(Das Recht der Trusts)'이라는 제목을 가진 수많은 책들을 찾아 서가를 뒤져볼 것이다. 그래서 판례집(判例集)을 펴서 읽으면서 곳곳에서 신탁을 발견하게 될 것이다. 그 다음 어떻게 해서 자신이 수탁자(受託者)가 되었으며, 또 그가 아는 거의 모든 사람이 어떻게 해서 수탁자가 되었나를 돌이켜볼 것이다.

약간 지나친 면이 있지만 위의 영국 법률가가 영국에 관한 연구를 해본 적이 없는 어떤 독일 친구로부터 받게 될 대답 중의 하나를 추측한다면 이러한 것이 아닐까 하고 생각한다. 그 독일 친구는 "그러면 당신이 독일을 비난하기 이전에 당신네 영국인들의 이 훌륭한 신탁이 어떤 종류의 것인지 말해 주기를 원한다. 그렇다면 최소한 당신이 생각하기에 생략이 일어났다고 보이는 부분을 지적해줘야 한다. 그럼 여기서 그러한 부분들을 짚어보자. 영국 사법의 일반적 체계가 타당한가? 이 소중한 법제도를 물권법(物權法, Sachenrecht)이란 표제하에 두는 것이 나은가? 아니면 채권법(債權法, Recht der Schuldverhältnisse)[4], 더욱 친숙한 용어를 사용하

4) [역자주] 원문을 그대로 번역할 경우 '채무관계법'이 되겠지만, 역자는 우리가 일반적으로 사용하는 용어인 '채권법'이라 표현하였다.

자면, 채무법(債務法, Obiligationenrecht) 속에 편입시켜야 하는 것인가?"

이와 같은 기본적인 질문에 대해 영국의 모든 법률가가 즉시 그리고 자연스럽게 어떠한 대답을 하기가 힘들다는 사실을 잘 알 수 있다. 영국 고서(古書) 중 하나에서는 다음과 같이 기술하고 있다. 1348년 영국의 어떤 법률가가, 라틴어의 구문에 따라 익숙한 "새로운 사안을 제안하는 것에 반대하면서(contra inhibitionem novi operis)"라는 말을 무심코 내뱉고 있는 자기 자신을 마주하면서 다음과 같이 서술하였다. "이런 말을 하는 것은 의미가 없다(En ceux parolx il n'y a pas d'entendment)"라고 말이다. 영국법에 익숙한 사람이 독일 민법전을 분류하여 그 중 어떤 항목에 신탁을 편입시켜 줄 것을 제안하였다면 비슷하게 답하지 않았을까 생각한다.

영국 법체계의 不定形性

레틀리히 박사는 "영국법은 공법(öffentlichem Recht)과 사법(privatem Recht)의 구별을 알지 못한다"라고 지적하였다. 그가 말한 의미대로라면 그 지적은 타당하다고 생각한다. 현재 영국법에 대한 초학자(初學者)는 이러한 구별, 즉 공법과 사법의 구별을 논한 저서들을 읽어야 한다. 그러나 나로서는 아마도 영국인들이 위의 문구를 잠재적 표현으로 인식할 것이라고 짐작할 따름이다. 만약 영국법 전체가 하나의 법전에 정리되어 있다면 영국인이나 우리들 가운데 많은 사람이 공법과 사법이라는 한 쌍의 용어가 수없이 많은 문자로 이루어진 법 문헌을 잘 표현할 수 있다는 견해에

찬성할 것이다. 그러나 이런 식의 표현은 전문적인 표현이 아니다. 만일 영국 신문에서 A, B라는 사람이 '공법(Public Law)'에 관한 책을 저술하였다는 기사를 읽었다면, 필자가 선뜻 추측하기로는 그가 국제법에 대한 책을 쓴 것이라 생각할 것이다. 또한 신문에서 C, D라는 사람을 '공법학자(Publizisten)'라고 할 경우, 그가 신문이나 잡지에 정치문제에 관한 논설을 쓰고 있다고 생각하기도 한다.

동일한 의미에서 영국법은 물권(Sachenrecht)과 채권(Obligationen-recht)의 구별을 알지 못한다고도 말할 수 있다. 다른 나라에서도 마찬가지임은 굳이 말할 필요가 없겠지만, 영국에서도 100개의 금화를 소유하고 있는 것과 100파운드를 빚지고 있는 것과의 사이에는 현격한 차이가 있음은 당연하다. 그렇기 때문에 초학자라면 누구라도 맨 처음에 이러한 차이점을 이해하기 위해 노력해야 한다. 그리고 그 다음으로 대물적(對物的) 권리(iura in rem)와 대인적(對人的) 권리(iura in personam)에 대한 다소 사변적인 저서들 — 결국 '이론법학(理論法學, General Jurisprudence)'에 관한 저서들 — 을 읽게 된다.[5] 그래서 만일 영국법이 법전화(法典化)되는 경우 이 구

5) [역자주] 영국 분석법학(分析法學)의 창시자격인 존 오스틴(John Austin: 1790-1865)은 대인적 권리와 대물적 권리의 구별에 대해, 그것을 일반 법리학(法理學)을 대상으로 하는 원리, 관념 위에서 반드시 구별할 수는 없다고 하였다. 그렇기 때문에 이 구별이 법 전체의 과학적 배열(配列)에 의해 임의로 상정된 기준이라고 생각하지만, 그것은 법 전체의 배열에 의한 편리한 기준이어서 근대의 유럽 여러 나라들에 널리 일반적으로 채용되었다고 한다. 이 책의 저자도 역시 본문 내용 중에서 직접, 간접적으로 분석학파의 학풍을 상당히 의식한 듯한 표현을 많이 사용하고 있다.
한편 오스틴은 베이컨(Francis Bacon) 이후의 영국 경험론의 전통을 계승하고, 홉스(Thomas Hobbes)와 벤담(Jeremy Bentham)의 권력설(權力說)의 입장

별이 매우 현저하게 나타남을 깨닫게 될 것이다. 하지만 이 경우에도 전문기술적인 표현이라고 하기 보다는 오히려 여러 가능성을 품고 있는 표현으로 기술되어 있을 것이다. 영국의 법률가가 다루어야만 하는 법기술적(法技術的) 개념은, 또는 필자 나름대로 표현하자면, 그가 이용할 수 있는 수단은 이들과는 다른 종류에 속한다.

對人的 權利, 對物的 權利의 구별을 통한 신탁형성

필자가 이런 방식으로 기술(記述)하는 이유는, 대인적 권리와 대물적 권리의 구별을 명확하게 정형화함으로써, 그러한 구별을 법체계의 주된 개요(槪要)의 하나로 여기는 사람들에게 신탁은 결코 그에 따라 발전되고 형성될 수 없다는 점을 인식하게 하는 데 있다. 이러한 구별이 중세 독일에서 얼마만큼이나 파악되고 있었는지에 대한 물음은 이미 훌륭한 독일법사학 연구자들에 의해 논의되어 왔다는 사실을 필자는 잘 알고 있다. 그러므로 필자가 라반트 박사(Dr. P. Laband)[6]와 호이슬러 박사(Dr. A. Heusler)[7]의 논

을 계승하였다. 영국에서는 법학교육이 실무가 양성을 주로 하였기 때문에 법의 일반이론에 관해서는 정밀한 분석과 이론화가 부족하였는데, 오스틴은 이론법학(理論法學, General Jurisprudence)을 제창하여 영국 법학의 이론화에 큰 발전의 기틀을 마련하였다.

6) [역자주] 라반트(Paul Laband: 1838-1918)는 1858년에 베를린에서 박사학위를 받고, 1861년부터 하이델베르크대학에서 강의하였다. 후일 슈트라스부르크대학의 교수, 총장을 역임하였다. 그는 법사학(法史學), 사법학(私法學) 및 법이론 분야에서 연구활동을 하였는데, 특히 재산법상의 소송 및 대리에

쟁에 끼어들려는 생각을 품고 있는 것은 아니다. 그렇지만 필자는 영국법제사 연구자들이 만족해 할 만한 말을 하였다는 점에 대해서는 조금도 의심하지 않는다. 13세기에 영국 법률가들은 계몽적(啓蒙的) 법학의 전형이라 여겨지는 로마의 법학서 가운데서 대물소송(對物訴訟, actio in rem)과 대인소송(對人訴訟, actio in personam)의 구별을 발견하였다. 그들은 세계적으로도 특별하다고 할 수 있는 이 항목(項目) 아래로 영국 특유의 소송들을 — 그리고 그 소송들 가운데는 엄청나게 많은 개별 소송이 존재하였고 그 개별 소송들은 저마다 특유의 명칭과 소송절차를 가지고 있었다 — 분류하기 위해 노력하였다. 그렇다면 도대체 그 노력의 결과는 무엇인가? 이후 곧바로 나타났던 결과에 대해 라반트 박사는 다음과 같이 훌륭하게 기술하고 있다.

> "소송은 원고(原告)가 무엇을 청구하는지 즉 무엇 때문에 법관(法官)이 원고를 구제해야만 하는가에 의해 성격을 구별하는 것이지, 원고가 어떤 원인에 기해서 청구하는가에 따라 구별하는 것이 아니다. … 이와는 달리 중세의 사료(史料)에서는 기초가 되는 법률관계 특히 물적 소송(物

관한 연구논문이 주목을 받았다. 1871년 'Budgetrecht'를 저술하였는데, 이 책에서 처음으로 법률(Gesetz)을 실질적 의미의 법률과 형식적 의미의 법률로 구별하였다.

주요저서 *Das Staatsrecht des deutschen Reiches*, Bde. Ⅲ 1876-1882 외 다수의 논문이 있다.

7) [역자주] 호이슬러(Andreas Heusler: 1834-1921)는 스위스의 법학자로서 바젤대학의 교수를 역임하였다. 중세 게르만법 및 민사소송법에 정통하여 스위스에서 여러 법률의 기초를 마련하였다.

저서로는, *Die Gewere*, 1873; *Institutionen des deutschen Privatrecht, Bde.* Ⅱ 1885-1886; *Deutsche Verfassungsgeschichte*, 1905가 있다.

的 訴訟, dinglicher Klagen)과 인적 소송(人的 訴訟, persönlicher Klagen)의 구별에 따라 소송을 특정하지 않았다. 로마법상 대물소송에 상당하다고 생각할 수 있는, 영국의 물적 소송(real action)에 해당하는, 'clage up gut'라는 표현은 원고가 가진 권리의 법률적 성질과는 전혀 관계없다. 오히려 그것은 특정한 재산이 원고에 의해 청구되었다는 점에 관계하고 있을 뿐이다."[8]

흔히 사람들은 지금까지도 부동산(不動産, Liegenschaft)과 동산(動産, Fahrnis)이라는 말과 대략 유사하게 사용하고 있는 '물적 재산(Realvermögen)'과 '인적 재산(persönliches Vermögen)'이라는 용어를 혼동하고 있다. 그 이유는, 중세에 있어서 그리고 실제로는 1854년에 이르기까지, 어떤 동산에 대한 청구권자는 그 물건을 인도(引渡)받을 것인지 아니면 그 대가를 지불받을 것인지 스스로 선택하여 판결로써 상대방에게 양쪽 중 하나를 부과할 수 있도록 하는 것 외에는 방법이 없었다는 데 있었다. 그러므로 말 한 필이라든가 책 한 권에 대한 물적 소송(actio realis)을 제기하는 일은 전혀 존재하지 않았다고 기술하고 있다. 앞의 이야기는 부동산(Sachen)에 관한 얘기가 아니다. 또한 이는 물적 재산(dingliches Eigentum)에 관한 것도 아니다. 이러한 용어들의 사용이 20세기를 살고 있는 영국 법률가들의 공적(功績)인지 여부는 여기에서는 전혀 문제되지 않는다. 다만 필자에게는 그것이 시사하는 바가 매우 크다고 여겨질 뿐이다.

---

8) Laband, *Die Vermögensrechtlichen Klagen*, S. 5-7.

信託受益者 권리의 법적 성질 문제

한편, 만약 어떤 외국의 친구에게서 재산을 신탁에 의해 보유하고 있는 사람을 일컫는 영국법의 신탁수익자(Destinatär)의 권리가 물권적(物權的, dinglich)인 것인지 아니면 채권적(債權的, obligatorisch)인 것인지 한 마디로 가르쳐달라고 요청을 받는다면 다음과 같이 말하면 어떨까하고 생각한다. 즉, "아니다. 그 물음에 대해서 한 마디로 가르쳐준다는 것은 불가능하다. 만일 물권적이라고 한다면 그 대답은 적절하지 못하다. 또 만약 채권적이라고 한다면 그 답 또한 틀리게 알려주는 것이다. 다만 궁극적으로 해석하자면 그 권리는 채권적일 것이다. 그러나 아주 중요한 여러 가지 실질적 목적에서 신탁수익자의 권리는 물권적인 것처럼 다루어질 수 있고, 실제로도 사람들은 관습적(慣習的)으로 일종의 소유권(所有權, Eigentum)이라고 말하거나 생각하고 있다."

그러므로 이 점은 필자가 가장 우선적으로 주의가 필요하다고 생각하는 부분이다. 왜냐하면 적어도 필자가 생각하는 한도에서는, 외국의 연구자들이 찾아보게 될 가능성이 가장 높다고 여겨지는 영국법에 관한 책들의 표현에서는 이 점을 전혀 이해할 수 없기 때문이다.9)

---

9) 하이만(Heymann)은 영국법의 개략에 대한 그의 저서 신판(新版)인 홀첸도르프 백과사전(*Holtzendorffs Enzyklopädie*)에서 신탁을 물권법(Das Sachenrecht) 또는 채권법(Forderungsrecht) 아래 위치시키는 것을 부정하였다. 다른 많은 경우에서와 마찬가지로 이 경우에도 그는 영국법 체계의 구조에 적합한 시각을 보여주었던 것으로 여겨진다. 바로 여기에서 신탁수익자의 법적 성질에 대한 고찰이 드러나 있다.

II 信託理論의 形成과 適用

랑고바르트족(Die Langobardische)의 신탁관계

앞으로 논의를 계속 이어가기 전에, 우선 필자가 깊이 흥미를 느끼고 있는 법제사에 관한 논문 내용 중에서 몇몇 문장을 인용하고자 한다. 그 논문은 알프레드 슐츠 박사(Dr. Alfred Schultze)[10]가 쓴 "랑고바르트족(族)의 유언집행제도로 전환된 신탁(Die langobardische Treuhand und ihre Umbildung zur Testamentsvollstreckung)"이다.[11] 필자는 다른 시대 및 다른 나라 안의 두 개의 상이(相異)한 형태를 지닌 동일한 근원의 법제도를 비교해보면 무엇인가를 이해할 수

---

10) [역자주] 알프레드 슐츠(Alfred Schultze: 1864-1946)는 독일의 법사학자로, 프라이부르크, 라이프치히대학 등에서 대학교수를 역임하였다.
주요 저서로, *Treuhänder im geltenden bürgerlichen Recht*, in Jherings Jb., XXXXII, 1901; *Gerüfte und Marktlauf*, 1905; *Stadtgemeinde und Reformation*, 1908; *Augustein und der Seelteil des germanischen Erbrechts*, 1928; *Zum altnordischen Eherecht*, 1939; *Über westgotisch-spanisches Eherecht*, 1944 등이 있다.

11) Gierkes Untersuchungen, 1895.

있다고 생각한다. 아마도 독일의 연구자 입장에서는 랑고바르트 지방(langobardischen; Lombardy)[12]으로 잠깐 동안 여행을 마치고 나면 영국의 신탁이 쉽게 이해될 것이다.

간단히 말하면, 지금의 법적 시각에서 볼 때 랑고바르트족은 진정한 의미의 유언(遺言)을 할 수 없었다. 그러므로 그들은 재산의 전부 또는 일부를 수탁자(Treuhänder)에게 양도하고, 수탁자는 양도인(讓渡人)이 지시한 바에 따라야만 하였다. 이와 같은 지시에도 불구하고 수탁자에게는 행위의 자유가 어느 정도 남아 있었다. 수탁자는 오직 지정된 사람 또는 특정 교회에 당해 재산을 양도시키기만 하면 되었고, 다른 극단적인 경우에 수탁자는 사자(死者)의 영혼을 달래주기 위한 여러 가지 행위 수단 중에서 아무것이나 무제한으로 선택하더라도 상관없었다. 여기에서 슐츠 박사의 말에 귀를 기울여 보자.

> "신탁관계(信託關係, Das Treuhandverhältnis)는 유언자와 유언자가 수탁자로 선정한 자 사이의 계약에 의해 성립한다. 이와 같은 계약은 수탁자에게 유체물(有體物)에 대한 직접적 지배권이 부여되고 있는 경우에는 종종 물권계약(物權契約)과 같은 외관을 나타낸다. 문제되는 당해 유체물은 의도한 목적을 위해 서면으로(per chartam) 수탁자에게 양도된다. 따라서 그 경우에는 명백히 '물건을 인도하는 것(tradere res)'이라 일컬어진다. … 11세기로 거슬러 올라가 파르파 수도원(Regesto di Farfa)[13]

12) [역자주] 랑고바르트 지방(langobardischen; Lombardy)은 현(現) 이탈리아 북부의 주(州)로, 주의 수도는 밀라노(Milan)이다. 랑고바르트족은 게르만족의 한 부족으로 6세기경 종교·정치적으로 혼란했던 이탈리아 지방을 침략하였다. 이 시기는 3-6세기에 걸쳐 이루어졌던 게르만족의 대이동기(大移動期)이기도 하다.

의 문서목록 중서의 몇 군데에는 증여자가 수탁자에게 부여한 '서임식(敍任式, Investitur)'14)에 대하여 기술하고 있다. 증여자는 수탁자에게 당해 토지뿐만 아니라, 물권 양도시에 랑고바르트족의 관습법에 따라 자기 토지의 권리증서 및 증여자가 전주(前主)의 권리증서를 점유하고 있다면 그 권리증서까지도 양도한다. 만약 양도인이 프랑크인인 경우에는 프랑크의 서임식의 상징인, 소위 페스투카 노타타(festuca notata), 칼, 땅, 나뭇가지와 장갑을 이용한다."

랑고바르트족 受託者의 物的 權利와 제한

영국인 독자들은 그러한 현상을 충분히 예측할 수 있었다고 말할 것이다. 토지는 수탁자에게 이전된다. 물론 수탁자는 물적 권리(ein dingliches Recht)를 취득한다. 그러므로 그는 소유권을 취득하게 되는 것이다. 중세에서 그는 "영지수령자, 즉 토지의 용익(用益)과 자유보유부동산(自由保有不動産)의 점유를 인정받았던 자(feoffatus, vestitus et seisitus; feffé, vestu et seisi)"라고 할 수 있다. 그리고 당연히 부동산권리증서(Erwerbsurkunden), 즉 '부동산소유권증

13) [역자주] 이탈리아의 사비나(Sabina)에 있는 수도원. 후일 그 곳 수도승 출신인 성(聖) 팔도(Paldo)와 그 형제들이 베네딕트 수도회 수도원을 설립하였다.

14) [역자주] 일반적으로 성직자나 기사의 임명식을 의미한다. 하지만 본서에서는 기사 서임식을 의미하는 것으로, 법적인 측면에서 볼 경우, 마너[manor; 이하 장원(莊園)이라 함]나 관직 등의 점유를 인증(認證)하는 것이거나 그 권한을 부여하는 성스러운 의식을 일컫는다. 중세에서 서임식은 교회에서는 주교가, 교회가 아닌 곳에서는 영주가 거행하였다. 흔히 수여 또는 수여식(授與式)으로 번역하기도 한다.

서(Rechtstitel)'는 그에게 인도되었다. 그렇지만 우리는 다시 슐츠 박사의 설명으로 되돌아갈 수밖에 없다.

"앞서 언급했던 바와 같이 수탁자는 권리를 승계(承繼)하는 것에 의해 자기에게 제공된 유체물에 대하여 고유의 물적 권리를 취득한다. 도대체 이 권리의 성질은 어떤 것일까?

먼저 의심할 나위 없이 다음과 같은 몇몇 증서를 문제삼지 않을 수 없다. 즉 수탁자는 그러한 사실에 의하여 완전한 소유권을 취득하여 용익은 물론 처분에 있어서도 물권적 또는 채권적으로 어떤 제한도 받지 않는다. 증여자(贈與者, Geber)가 자신의 영혼을 구제받기 위해 재물이 수탁자의 자유재량으로 사용되기를 바라고, 그 결과 수탁자는 본래 의미에서의 분여자(分與者, Dispensator)의 역할을 수행하게 되는 일정한 사례들이 나타나고 있다."

그렇지만 위의 사례들이 통상적인 것은 아니다. 일반적으로 수탁자가 가진 것은,

"완전하고도 자유로운 처분권(處分權)이 아니라 엄밀히 말하자면 일정하게 제한된 처분권이다. "여기에서 수탁자는 전술했던 최상급의 권리(optimo jure)를 가진 분여자의 법적 지위와 비교해 볼 경우 그 보다 낮은 지위를 점하게 된다. 그렇지만 이렇듯 낮은 지위를 갖게 된 원인은 어디에 있는가? 수탁자는 여기에서 채권적인 제한을 받는 것인지 아니면 결국 사법적(私法的) 효력으로서 증여자 또는 그 상속인 내지 다른 제3자에 대하여 채권적인 의무를 부담하는 것인지에 관한 의문에 대해서는 지금 당장 답할 수 없다. 오히려 여기에서 중요한 문제는 수탁자의 권리가 물권적으로 제한된 것인지 여부이다. 그리고 물론 이 점에 대해서는 긍정

적으로 해석해야 한다."

슐츠 박사는 수탁자의 권리를 오히려 다음과 같이 설명한다. 수탁자의 권리는,

> "소유권이다. 그러나 해제조건부 소유권(resolutiv bedingtes Eigentum)이다. 여기서 말하는 조건은 증여의 목적물이 설정목적(設定目的)에 반하는 것인 경우나 설정목적이 어떠한 이유에 의해 달성 불가능한 경우에 성취하게 된다. 그 결과 수탁자 쪽에 있었던 소유권은 소멸하여 다시 인도할 필요도 없이 증여자 또는 그 상속인에게 귀속하게 되지만, 이 증여자 또는 상속인은 당장 물권적 청구권(物權的 請求權, dinglichen Klage), 즉 소유권에 기한 소(Eigentumsklage)로서 목적재산을 회복하는 것이 가능하다."

衡平法上 수탁자의 권리

하지만 앞에서 언급한 내용은 지금 영국의 수탁자에게는 적합하지 못하다. 영국 수탁자의 권리는 '해제조건부 소유권'이 아니다. 그럼에도 불구하고 위의 서술을 인용한 이유는 이하에서 계속될 그의 설명 때문이다. 그리고 그 내용은 영국의 '형평법(衡平法 equity)'[15] 연구자에게 유익한 면이 대단히 많다. 실제로 슐츠 박사

15) [역자주] 형평법은 보통법(Common Law)과 더불어 영국의 2대(大) 법 가운데 하나이다. 형평이라는 말은 정의(正義)와 공정(公正)을 의미한다. 13세기 말까지 보통법 법원에 의해 적절한 구제를 받지 못한 자가 국왕에게 구제청원을 하면 국왕은 사안을 대법관(Lord Chancellor)에게 처리하게 했다. 대법

의 설명 중 어느 정도는 14세기 영국에 대한 내용이기도 하고 또 20세기 영국에 대한 내용이기도 한 것임이 분명하다.

> "조건이 성취되지 않은 해제조건부 소유권의 수탁자에 대한 물권적 제한은 제3취득자에 대해서도 효력을 미친다. … 제3자에게 미칠 수 있는 효력은 모든 물권적 제한을 미리 명확하게 해야 한다. 즉 공시(公示, Publizität)를 전제로 하고 이 공시의 범위는 개개의 경우에 제3취득자가 그 공시에 대하여 실제로 알고 있었는지 알지 못하였는지 하고는 관계없이 무조건 그 제한에 복종시킬 수 있을 정도이다. 그리고 랑고바르트족도 역시 일찍부터 토지에 관한 권리변동의 부족법적(部族法的) 형태를 알고 있었으므로, 수탁자 권리의 물권적 제한의 사실은 권리변동에 관해서 실행된 — 즉, 민회(民會)에서 토지에 관한 권리변동을 실행했다는 점에서 — 그 시점에 충분히 납득이 갈 만한 정도로 통지하였다는 점이다. 그러나 우리가 관심을 두고 있던 시대에는 증서 인도(證書 引渡, traditio cartae)라는 방식을 상당히 흔히 사용하고 있었다. 뿐만 아니라 일반적인 사인증여(死因贈與)의 경우는 물론 수탁자에게 하는 증여의 경우에도 여하튼 한결같이 증서 인도라는 방식을 사용하였다. … 증서 인도에 의해 행하는 권리변동은 하나도 빠짐없이 전부 증서에 기록되어 있었다. … 그러므로 파생적인 방법으로 토지를 손에 넣으려고 하는 자는 이전에 양도인의 전주(前

관은 청원을 처리하기 위해 양심과 정의 그리고 공정의 원칙에 비추어 판결하였다. 원래 형평법은 보통법의 불비(不備)를 보정하는 성격을 가지고 있었지만, 그 판결은 보통법상 법적 권리의 불행사나 법에 없는 의무의 준수를 피고에게 명하였기 때문에 보통법 법률가로부터 관할권 침해라고 평가되는 경우가 많았다. 하지만 이러한 양자(兩者)의 대립은 1873년 법원법(Judicature Act, 1873)에 의한 통합으로 종결되었다. 일반적으로 형평법은 보통법에 대비되는 영국법을 의미하는 경우이거나, 보통법 즉 판례법에 대비되는 제정법(制定法)을 의미하는 경우에 사용한다.

主)에 의해 양도인에게 제시되었던 증서를 살펴봄으로써 양도인의 권리에 대한 확실한 정보를 얻을 수 있었다. 나아가 이 증서가 정당한 방법으로 계속적 보증(繼續的 保證)을 위해 토지와 동시에 인도되는 일이 아주 오래 전부터 관습으로 행해지고 있었다. 그리고 — 이것은 분명한 사실이지만 — 양도인의 부동산권리증서 뿐만 아니라 양도인이 가지고 있는 전주의 부동산권리증서도 인도되었다. … 수탁자로부터 토지를 양수하려고 하는 사람은 자기에게 양도된 증서를 검토해보면 즉시 거래상대방의 수탁자로서의 지위, 다시 말해 그 상대방의 소유권이 조건부로 존재하고 있다는 사실의 의미를 알 수 있다. 그러나 만일 양수인이 법관습(法慣習)에 반하여 부동산권리증서에 관한 주의를 소홀히 했던 경우, 비록 그 조건이 실제로 예측가능하지 못했던 것이었다 해도 양수인에게도 그대로 효력을 미친다. 양수인은 그로 인해 입게 된 손해에 대한 결과를 피할 수 없다."

不動産에 대한 惡意推定理論 적용

그러나 이쯤에서 우리는 이러한 문제에 대해 어떤 생각을 가질 수 있을까? 아마 영국인들은 영국이 완성시켜 온 신탁이라는 위대한 구축물을 떠받치고 있는 초석(礎石)으로서 영국이 정립해 온 이론은, 요컨대 "악의추정(vermuteten Kundmachung; constructive notice)이론이다"라고 말할 것이다. 랑고바르트족의 제도는 약간 정도가 지나친 면이 있다. 그리고 영국인들은 덧붙여서 영국의 제도는 해제조건부 소유권과는 아무 관계도 없다고 주장할 것이다. 물론 1필(筆)의 토지의 소유권은 증서의 인도에 의해서(per traditionem cartae) 양도되었다. 또한 당연한 이야기이지만 신중한 토지 매수인이라면 누구라도 매수인의 손에 있는 부동산권리증서를 열람하고 나서 나중에 매매가 완료된 시점에 이르러서는 그 증서를 자기 자신의 손에 직접 전해받을 것을 기대한다. 그러나 '만약 양도인이 법관습에 반해서 부동산권리증서에 관한 주의를 결한 경우,' 양수인은 합리적인 사람(vernünftiger Mensch)이 행동하는 것처럼 행동하였다면 알 수 있었던 사실 모두를 알고 있었는가의 기준을 적용받더라도 부당하지 않을 것이다. 즉 양수인은 그 모두에 대해 '악의추정'을 받는다. 그 결과로 양수인은 악의추정을 받는 것으로 인해 입게 되는 손해의 결과를 피하지 못한다.

動産에 대한 악의추정이론의 부적용

여기서 랑고바르트 지방에 대한 고찰을 마무리하기 전에 다른 한 가지 발췌해 두어야 할 부분이 있다.

> "그럼에도 불구하고 이 점은 부동산(Liegenschaften)에 대해서만 유효하였다. 동산 거래에 관해서는 게르만의 다른 여러 (부족)법과 마찬가지로 제3자와의 관계에 있어서 양도를 제한하는 조건(條件, Geding)을 공시하는 수단이 결여되어 있었다. … 틀림없이 동산에 있어 유언에 의한 수탁자는 부동산의 경우보다도 목적규정(目的規定, Zweckbestimmung)에 따른 법적 구속을 더 엄격하게 적용받았다. 또한 확실히 수탁자는 물권적으로 구속을 받는 토지(Grundstücken)에서와 같이 해제조건부 소유권만을 가졌다. … 그러나 수탁자가 이미 잘못된 주소지에 동산을 송부(送付)해버린 경우에는 비록 제3점유자가 취득시에 그 사정을 알고 있었다 하더라도 증여자의 상속인은 제3점유자에 대해서 대항할 수 없었다.

동산에 있어서는 부동산의 경우와 같이 모든 제3자가 양도제한 조건의 효력에 복종해야 할 이유가 없었다. … 수탁자에게 신탁된 동산이 신탁위반(Veruntreuung)으로써 수탁자의 점유를 떠나 제3자에게 도달해버린 경우이거나 '당신은 잘못된 상태로 점유한다(Malo ordine possides)'라는 원인의 물권적 반환청구소송(物權的 返還請求訴訟)으로는 목적을 달성하는 것이 불가능한 경우, 수익자는 단지 인적 손해배상청구소송(人的 損害賠償請求訴訟)으로만 그것을 대신할 수 있을 뿐이다."

영국의 논자들은 이상과 같은 것만으로는 충분하지 못하다고 말할 수 있을 것이다. 만약 제3점유자가 '신탁(Trust)'이 설정되어 있음을 실제로 알고 있었음을 입증할 수 있다 하더라도, 앞에서 언급한 사실들 때문에 제3점유자가 신탁의 존재를 무시했다고 평가해도 상관없다는 말은 형평성을 결한 것으로 보인다. 또 필자에게 의심스러운 부분은, 목적물인 동산을 이미 추심(推尋)할 수 없다 하더라도 신탁수익자의 청구가 필연적으로 오직 수탁자에 대한 인적 손해배상청구소송(persönliche Schadenersatzklage)에 의하지 않으면 안 된다는 점이다. 그렇지만 영국과 동일 계통의 종족인 랑고바르트족이 이처럼 아주 옛날부터 영국 사람들에게도 아주 친숙한 어떤 구별에 대해 이해하고 있었다는 사실은 상당히 주목해야할 점이다. 결국 악의추정(vermuteten Kundmachung)의 이론은 토지로부터 동산으로 확장되지는 못하였다.[16)]

---

16) 슐츠 박사가 랑고바르트족의 수탁자의 권리를 '해제조건부 소유권(resolutiv bedingtes Eigentum)'이라 해석한 것이 논쟁의 여지가 있다는 점에 대해서는 충분히 납득할 수 있다. 예를 들면, 참고로 B. Caillemer, *Exécution Testamentaire*, Lyon (1901), 351. 까이어메르(B. Caillemer)가 이 훌륭한 저서에서 영국에 대해서 이야기하고 있는 많은 부분은 새롭고도 적절하다고 생각된다.

III 中世 遺言信託의 慣習

14세기 영국법의 특징과 信託의 萌芽

이제부터는 14세기 영국으로 눈을 돌려보자. 그러면 먼저 필자는 그 때 당시 영국법의 두세 가지 일반적 특징들이 떠오른다. 비록 그 특징들은 이미 널리 알려진 바이지만 기억을 되살려 검토해 볼 필요가 있다.

부동산(Liegenschaft)과 동산(Fahrnis) 사이에는 깊고 넓은 골짜기가 존재한다. 그 골짜기는 영국에 있어 다른 무엇보다도 더 깊고 넓은 것이다. 그 중 일부는 영국의 엄격한 장자상속제(長子相續制)에 의한 것이고, 또 일부는 유언을 하고 사망하는 경우이든지 유언을 하지 않고서 사망하는 경우이든지 무관하게 사자(死者)의 동산에 대해 자신의 권리로서 배타적(排他的)인 재판권을 주장한 로마교회의 노력이 성공한 데에 있다. 고대 게르만 신탁(Treuhandschaft)의 지류(支流) 중 일부는 이미 제도로 완전하게 확립되어 있었기 때문에 왕성하게 활용되었다.

영국의 유언은 유언집행을 수반한다. 만약 유언이 없거나 유언집행인(Exekutor)이 흠결되어 있는 때는 주교(主教, Bischof)에 의해 지정된 '유언관리인(administrator)'이 그 공석을 대신하였다. 유언은 이미 오래전부터 내려오던 사후증여(死後贈與, donatio post obitum)가 아닌 교회법의 영향 때문인 것으로 진정 유언적 성격을 띠고 있었다. 유언집행인이 부동산 이외의 모든 부분에 관해 사자의 대표자인 '인격대표자(人格代表者, persönlichen Repräsentanten)'로 되는 과정은 이미 상당히 발달되어 있었다. 얼마 후 이것은 영국의 유언집행인이 로마법상 상속인(haeres)과 유사해지는 하나의 과정이 되었다. 후세에, 즉 엄밀히 말하자면, 신탁이 발전한 시대에 이르러 사실상 공통의 근원을 가진 이들 두 제도가 서로 영향을 주고받기 시작했다. 영국에서는 유언집행인이 많은 목적을 위해 존재하는 것과 마찬가지로 수탁자도 언제나 그와 유사하다고 생각하기 시작하였다. 그러나 통상적인 의미에서의 신탁은 영국인이 자신의 동산에 대해 이미 진정한 유언이 가능했던 시대, 그리고 유언집행인과 수탁자와의 사이의 관계에 대해서 세속(世俗)의 법원이 관심을 전혀 보이지 않았던 시대에 벌써 법의 무대로 제 모습을 나타내었다.

동산 거래에 관해서만 이야기하자면 생존자 간에는 새로운 법제도가 그다지 필요하지 않았다. 그렇기 때문에 14세기 영국법에서 이 영역이 그렇게 고도로 발전하지 못했다는 점은 어쩌면 당연한 일일지도 모른다. 그럼에도 불구하고 상거래(商去來)를 거의 알지 못하는 공동체 사회의 주된 요청을 충족시켜야 할 필요는 있었다. 이와 관련해서 당시의 표현방법 중 어떤 용어는 전혀 다른 문맥으로 사용되어 진정한 의미의 신탁의 맹아(萌芽)를 보여주는 용어로서 자주 사용되고 있었음에 주목할 필요가 있다. 즉 라틴어의

'ad opus(무엇을 위해)'와 고대 프랑스어의 'al oes(무엇을 위해)'라는 용어가 그것인데, 어떤 사람이 다른 사람을 위해 동산을 보유하거나 또는 금전을 수령한다고 말하는 경우에 이 용어를 종종 사용하고 있었다. 그러나 보통법(普通法, Common Law)은 점차적으로 기탁(Depositum), 위임(Mandatum) 등의 범주를 포섭해가고 있었기 때문에 이러한 사실은 아래의 설명에서 더욱 부합하게 된다. 영국법에서 이 영역은 생소한 것이므로 발전 가능성을 가지고 있었다.

不動産權(Estates)의 발달

다른 한편 토지법은 고도로 발전하게 되어 모든 면에서 소송과 영장(brevia)의 복잡한 체계에 따라 경직화되어 있었다. 필자가 번역한 대로라면, '부동산권(不動産權, Estates)'[17]이라는 훌륭한 체계

17) [역자주] 영국의 물권법(物權法)은 토지를 점유(占有)·수익(收益)할 권리를 시기별로 구별하였는데, 현재로부터 임의의 장래시점 a까지를 X로, a부터 b까지를 Y, 그 이후부터를 Z라고 할 수 있다. 여러 기간의 점유·사용·수익할 것을 내용으로 하는 복수(複數)의 재산권이 동시에 하나의 토지에 대하여 성립하는 것을 인정하였다. 위의 Y, Z의 권리 — 잔여권(殘餘權, Remainder) — 도, 제3자에게 대항이 가능하여 양도성을 가지는 등의 특징 때문에 현재의 물권적 권리라고 관념되었다. 토지를 점유할 권리의 발생·소멸의 시점은 기한(期限)뿐만 아니라 조건(條件)의 부여에 의해 정해지는 경우도 있었다. 부동산권(不動産權, Estates)은 이러한 토지 점유의 시기(始期)·종기(終期) 및 조건을 주된 내용으로 하여 그 범위가 나누어지는 토지에 대한 재산권 관념이어서, 토지보유자(tenure)와 더불어, 영국의 중세 부동산법의 기본적 개념이었다.
부동산권에는 재산을 점유·수익하는 권리의 종기를 기준으로 역사적으로 인정해 왔던 종류로서 단순영지권, 제한영지권, 생애권, 잔여권, 종기권 등이

가 정교하게 정립되었다. 영국의 '단순영지권(單純領地權, estates in fee simple), 제한영지권(制限領地權, estates in fee tail), 생애권(生涯權, estates for life), 잔여권(殘餘權, estates in remainder), 복귀권(復歸權, estates in reversion) 등'이 그 예이다. 그리고 각 '부동산권'은 각각에 상응하는 영장에 의해 보호되었다. 당시의 법관들이 현재의 법관들만큼 보수적인 것은 아니었다 하더라도 그들은 토지법의 이 혼란스러웠던 장면에 새로운 개념을 등장시키는 일이 쉽지 않음을 그들도 알았을 것이다. 특히 영국에서는 슐츠 박사가 랑고바르트족으로부터 발견했던 '해제조건부 소유권'이 매우 잘 알려져 있었고, 또 상당히 어려운 역할을 수행하고 있었다는 사실에 주의해야 한다. 나아가 영국법의 질권(質權, Pfandrecht)은 모두 이 개념에 의해 지배되었다. 그 이유는 질권 개념만으로는 해제조건부 소유권이 달성하고 있던 만큼 이상의 역할을 이루어낸다는 것은 불가능하였기 때문이다.

大法官附 法院(Court of Chancery)의 特別裁判權

그로부터 14세기 후반에 이르기까지 새로운 법원이 존속을

있다. 부동산권을 보유하는 자는 자기의 부동산권과 같거나 그보다 작은 부동산권을 타인에게 설정하도록 하는 일정한 제한은 있지만, 동시에 이들에 대해 자유로이 해제조건(解除條件)이나 정지조건(停止條件)을 붙일 수 있었다. 이러한 부동산권 중 최고는 권리의 종기를 정하지도 않고 조건도 없는 절대적 단순영지권(絶對的 單純領地權, fee simple absolute)이었고, 그것은 기능적으로는 대륙법(大陸法)의 소유권과 유사하다고 할 수 있다. 즉, 이러한 부동산권 제도에서는 같은 물건에 대해 복수의 물권적 권리가 시간대별로 존재하여 중첩적으로 성립하는 것이 가능하다.

위해 힘써 왔음을 알 수 있다. 즉 그 명칭을 신탁과 개별적으로 연결될 수 있도록 하려는 대법관부 법원(Court of Chancery)[18)]이 생겨났다. 당시는 통상적인 재판권이 제대로 기능하지 못하는 경우 국왕이 행사할 수 있는 특별재판권(特別裁判權)이 유보되어 있다는 오랜 관념이 당시는 새로운 결실을 맺고 있는 중이었다. 사법상(privatrechtliche) 소송의 경우 국왕의 대법관(大法官)의 주재로 행해지고, 이 소송에서 사람들은 "신의 사랑을 위해 그리고 자비의 마음을 가지고 소송에 참가한다"는 가여운 문구들을 사용하며 애걸하듯 대법관에게 청원하였다. 소송에 처한 사람들이 불평하는 이유가 특별히 실체법의 하자(瑕疵)에 있는 것은 아니었다. 그리고 이유야 어떠하든 그 어디에서도 사람들은 정의를 구할 수 없었다. 그들은 가난하고 무력하였다. 그렇지만 상대방은 부유하고 권력도 있었다. 집행관(執行官, Sheriff)은 불공평하였으며 배심원(陪審員)은 타락하였다. 뿐만 아니라 형사소송에서야 어찌되었든 민사소송에 있어서 무방식의 특별재판권이 존재할 여지가 있는지에 대해서조차 분명하지 않았다. 또한 법의 통상적인 과정에 간섭하는 것에 대한 불평의 목소리가 커져가고 있었다. 왜냐하면 그 시대에는 대법관이 행해야 할 부분이 발견된 경우나 어떤 사안이 그의 일반

---

18) [역자주] 역사적으로는 형평법 법원(Equity Courts)으로써, 대법관(大法官, Chancellor)이 주재하였던 법원이다. 일찍이 영국에서는 보통법 법원(Common Law Courts)과는 구별되는 법원이 실체법(實體法), 절차법(節次法)의 양면에 걸쳐 형평법을 적용하고 있었지만, 최고법원법(最高法院法, Supreme Court of Judicature Acts, 1873, 1875)의 결과 보통법 법원과 형평법 법원이 통합되었다. 그러나 고급법원(高級法院, High Court)의 대법관부(Chancery Division)는 활동양식 등에서 상당부분 형평법 법원의 모습을 가지고 있다.

적 동의를 얻어 행했던 사안인 경우에도 법의 통상적인 절차를 적용하였기 때문에 대법관의 중재(仲裁) 방식에 대한 불평이 커져 갈 수밖에 없었다. 이러한 상황에 있어서 대법관부 법원과 신탁과의 관계를 다음과 같이 말할 수 있지 않을까. “만일 대법관부 법원이 신탁을 구했다고 말할 수 있다면 반대로 신탁 또한 대법관부 법원을 구했다”고 말이다.

12세기 遺言信託의 제한과 合有制

그러므로 이제부터는 신탁의 기원(起源)에 대해서 이야기 해보겠다. 영국인은 유언으로 토지를 남길 수 없었다. 12세기경에는 토지의 경우 모든 유언할 수 있는 권한의 근원이 무정하게 짓밟히고 말았다. 그럼에도 불구하고 영국인들은 유언에 의해서 토지를 남기고 싶어 했다. 즉 영국인들은 죄 많은 영혼의 평안을 기리기 위해서이거나 미혼여성 및 차남 이하의 자녀들을 위해서 토지를 남기고 싶어 했다. 이 점은 이 문제의 근간(根幹)이 되는 부분이다.[19] 그렇지만 오히려 보통법(Common Law)은 사망시에 특히 그가 고귀한 사람의 신하인 경우에 유언에 의해 토지를 남기는 것을 억제하기 위해 더욱더 철저하게 압박해 왔음을 관찰할 수 있다. 그가 성년에 달한 법정상속인(法定相續人)을 남기고 사망한 경우 영주에게 상속상납금(相續上納金, Relevium)을 지불해야만 했다. 법정상속인이 미성년인 경우 보통법에 따르면 아마도 20년이

19) 필자는 다른 신탁을 위한 원인도 있다는 점에 대해 부정해서는 안 된다고 생각한다. 그러나 비교적 그것들은 그다지 중요하지 않다.

라는 장기간에 걸쳐서 영주는 토지의 수익을 취득할 수 있고 동시에 법정상속인의 혼인권(婚姻權)[20]을 매각할 수도 있었을 것이다. 그리고 법정상속인이 존재하지 않는 경우에 토지는 영구적으로 영주의 손에 복귀되었다['부동산이 복귀한다(escheats)'].[21]

일단 수탁자의 시각에서 사태를 더욱 자세히 살펴본다. 즉 토지소유자가 자기의 토지를 여러 명의 친구들에게 양도한다. 친구들은 '그를 위해서(zu seinem Nutzen; a son oes)' 토지를 보유하게 된다. 이 경우 친구들은 소유자의 생존 중에는 그가 토지를 향유하게 할 수도 있고, 그 소유자는 자신의 사후(死後)에 친구들이 토지를 어떻게 처리해야 하는지에 대해 그들에게 지시할 수도 있었다.

앞에서 소유자가 자기의 토지를 한 사람의 친구가 아닌 수인의 친구들에게 양도한다고 말하였다. 이 점은 상당히 중요하다. 만약 단독 토지소유자, 요컨대 단독의 영지수령자(領地受領者,

---

20) [역자주] 혼인권은 영주가 미성년의 영신(領臣)의 혼인을 성립시킨 경우 일정한 상납금(上納金)을 받을 수 있는 것을 내용으로 한다. 영주가 추천한 적당한 사람과 혼인을 거절하는 때에는 상납금과 같은 금액, 영주의 동의 없이 혼인하는 때에는 상납금의 배(倍)를 지불해야 했다. 처음에 여자에게만 적용되었지만 후에는 남자에게까지 확대되어 일종의 재산권이 되었다. 한편 토지보유와 관련한 부수적 조건 중에서도 가장 부담이 큰 것은 후견세와 혼인세였다.

21) [역자주] 봉건제(封建制)법리에서 유래한 것으로써, 토지가 원(原)양도자 또는 그의 승계인에게 귀속하는 경우를 말한다. 원래 이 현상이 생겨난 이유는 두 가지이다. 첫 번째는 법정상속인이 없어서 그의 토지가 원양도자 또는 그의 승계인에게 복귀하는 경우이고, 두 번째는 중죄를 범한 자의 보유토지가 1년과 1일간 국왕의 손에 유보된 후 원래의 영주 또는 그의 승계인에게 복귀하는 경우이다. 이 법리가 폐지된 현재에도 상속인이 없는 재산을 국고(國庫)로 귀속시킨다는 법리는 무주물(無主物)을 이유로 국왕이나 국가에게 복귀하도록 하는 모습으로 남아 있다.

feoffatus)가 존재하지 않는 경우, 그 자가 사망한다면 영주는 통상의 영주의 권리 즉 상속상납금(Relevium), 상속인의 후견권(custodia haeredis)[22], 상속인의 혼인권(maritagium haeredis), 부동산복귀권(escaeta)을 주장할 것이고, 이 모든 것이 문제의 과정 중에 당연히 뒤따라 올 것이다. 그러나 이 점에 있어 게르만의 '합유제(合有制, Gesamthandschaft)'는 우리에게 유익한 제도이다. 즉 다섯 사람 내지는 열 사람의 친구에게 합유적으로(zu gesamter Hand) 토지를 나누어주게 되면 그들 중의 한 사람이 사망하더라도 상속은 이루어지지 못하였다. 그렇게 되면 그들 사이에는 다만 각자의 지분(持分) 증가(Akkreszenz)가 있을 뿐이었다. 이러한 경우 영주는 어떠한 것도 주장할 수 없었다. 영지수령자의 수가 감소한 경우에는 새로운 영지수령자를 보충하는 것이 가장 현명한 방법이고, 나아가 영지수령자의 보충은 양도나 재양도(再讓渡)의 방법으로도 가능하였다. 그러므로 이 점에 대해 조금만 주의를 기울인다면 영주가 어떻게 하든 그 토지를 잃게 될 가능성은 매우 적었다.

이 원칙은 과거 영국에 있어 매우 유익하게 작용하였고 지금도 상당한 역할을 하는 원칙이다. '합유제 원칙(Gesamthandprinzip)'이라는 수탁자로부터 생겨난 보호장벽을 쌓아둘 수만 있다면, 만일 그렇게 표현하더라도 괜찮다면, 그 벽을 굳이 보수할 필요가

22) [역자주] 상속인의 후견권은 군사적 토지보유(military tenure)를 보유한 사람이 사망하고 그 상속인이 미성년인 때, 그 자가 성년(남자 21세, 여자 16세)이 되기까지 영주가 후견인으로서 그 자의 보유지(保有地)를 관리하고 수익을 얻는 권리였다. 피(被)후견인에게는 양육비만이 지급되며 자익적(自益的) 성질을 갖는 권리였다. 이러한 후견제도는 모든 봉건법을 폐지한 찰스 2세(Charles Ⅱ) 시대의 치세(治世) 제12년의 법률(Statute of Tenures, 1660)에 의하여 폐지되었다.

없다. 이후에 기술할 '공익(公益, zu wohltätigem Zwecke)'신탁이라는 것이 다수의 수탁자에서 비롯되어 새로운 권리증서가 필요하게 되는 때까지 얼마나 많은 세월을 기다려야 했는지 모른다. 두 명이 사망하게 될지 세 명이 사망하게 될지는 모를 일이다. 하지만 상속은 개시되지 않는다. 단지 지분의 증가가 있을 뿐이다. 열 명이 소유하고 있던 것이 지금에는 여덟 명 또는 일곱 명의 소유로 되는 것이다. 오직 그뿐이었다.[23)]

'Trust'의 語源과 그 발견

오랜 기간 동안 로마법을 심오(深奧)하게 연구해왔던 나라에서는 미루어 짐작하건데, 14세기의 영국인들이 이 신탁이라는 제도를 로마의 법률서 가운데서 발견한 것이 아니라는 사실을 새삼스레 말하지 않아도 알 것이다. 그렇다 하더라도 로마법상 신의(信義, fides), 신탁(fiducia) 및 신탁유증(fideicommissum) 등의 언급에 대하여 의문이 생기지 않을 수 없는데, 오히려 이들 단어를 '신탁'이라는 영국의 새로운 법제도가 등장한 초창기의 문서에서는 찾아볼 수 없다는 사실에 주목해야 한다. 'Trust'라는 단어도 그렇다고 볼 수 있다. 이들뿐만 아니라 모두 'ad opus(무엇을 위한)'[24)]라는 표

---

23) 영국의 '합유(joint ownership)'는 게르만의 합유제(Gesamthandschaft)처럼 아주 강력한 형태는 아니다. 몇몇 '합유자(joint owners)' 중의 한 사람은 생존자 사이에서 양도할 수 있는 지분을 보유한다. 그러나 유언에 의해 유증하는 것은 전혀 가능하지 않았다.

24) [역자주] 일반적으로 이 'Ad opus'는 관행 내지 제도의 의미로 사용되는데, 이것이 대규모로 행해지게 된 것은 13세기 초의 일이다. 당시 포교활동을

현 영역에 속하고 있었다.

'ad opus'는 옛 프랑스어 'al oes, al ues' 등으로 표현된다. 'Stratford–atte–bow'의 비속화된 프랑스어 표현에서는 더욱더 다양한 철자법이 나타난다. 학식 있는 사람이 라틴어의 P를 복원하여 oeps 또는 eops라고 쓴 것은 그다지 신기한 일이 아니다. 최종적으로 영국식의 말투에서 — 프랑스어의 U는 쉽게 발음할 수 없다 — 이 단어는 프랑스의 use와 혼용될 수 있다. 'ad opus meum(나를 위해서)'에 해당하는 영어는 'to my use'이다.[25)]

유스附 領地公示讓渡(feoffments to uses)의 관행

새로운 제도 또는 새로운 개념이 법의 분야에 등장하는 시점을 찾아내는 일이 만약 가능한 것이라면, 그 일은 매우 흥미 있는 작업이다. 지금까지 영국의 '유스부 영지공시양도(feoffments to uses)'의 초기 역사에 대해서는 실망스러울 정도로 아예 연구가 되어 있지 않았다. 필자는 프랑스가 되었건 독일이 되었건 다른 어

하기 위하여 영국에 온 프란체스코파 수도회는 청빈을 사명으로 하여 신도들로부터 재산을 기부받는 것이 금지되었기 때문에, 신도들은 수도회의 이익을 위하여 수도회 수도사들이 거주하는 자치도시단체(自治都市團體)에 토지나 가옥 등을 기부하였다. 이러한 기부의 방법으로 채택된 것이 바로 'Ad opus'이다.

25) [역자주] 이 단락은 원문에는 각주로 포함되어 있던 부분이다. 일반적으로 신탁의 기원을 로마법에서 찾고 있었던 학설들과 달리 메이틀란드가 신탁의 영국기원・발달설을 펴고 있음을 뒷받침해주는 설명 부분이므로, 강조와 독자의 이해의 편의를 위해 본문 속으로 편입시켰음을 밝힌다.

떤 나라의 학자에게 그것을 철저하게 탐구하게 되는 영예가 주어지지는 않을까 하는 걱정이 앞선다. 그렇지만 그러한 새로운 관행이 최상류(最上類), 다시 말해 가장 고귀한 사회집단에서 발생하였다는 사실에 대해서는 약간 의문이 든다.

초기의 한 사례를 예로 살펴보자. 본 사례에서 '영지양도자(Feoffor)'는 영국 국왕의 아들인 곤트(Gaunt)의 존(John)[26]이고, 한때 그 자신은 까스띨(Kastilien; Castile)의 명목상 국왕이었다. 신탁에 의해 수익을 받을 수 있는 사람 중에는 후에 영국 국왕 헨리 4세(Henry Ⅳ)가 된 존 국왕의 아들 헨리도 있었다.

1399년 2월 4일 '유서 깊은 랭커스터(Lancaster) 왕가의 곤트(Gaunt)의 노공(老公) 존(John)'은 유언서를 작성하였다.[27] 그 유언서에 따르면 그는 자신의 동산을 처분하고 열일곱 명의 유언집행인

---

26) [역자주] 에드워드 3세(Edward Ⅲ)의 아들로, 에드워드 3세의 치세 말기에 궁정 내의 스캔들과 초반기에 일어났던 100년 전쟁 수행의 실패 등으로 위기를 맞자, 곤트의 존은 1371년 행정권을 장악하였고 섭정인이 되었다. 그 후, 단명한 에드워드 3세의 큰아들인 흑태자(黑太子)를 지지하던 의회가 곤트의 존의 전제정치를 문제삼아 탄핵하였으나, 흑태자가 세상을 뜨자 곤트의 존이 의회를 다시 장악하였다. 곧 에드워드 흑태자의 아들인 리처드가 10살의 나이로 왕이 되었고, 곤트의 존과 정치 내·외적으로 대립관계를 이루었다. 곤트의 존의 아들 헨리는 이후 헨리 4세(Henry Ⅳ)가 되었다.
곤트의 존의 부인은 헨리 2세(Henry Ⅱ)의 고손녀이자 랭커스터 집안의 딸이었으므로 곤트의 집안을 랭커스터(Lancaster)가(家)라고 한다. 곤트의 존의 공령(公領)인 랭커스터 공령은 그 규모가 방대하였다. 랭커스터가는 요크(York)가와 장미전쟁을 치르기도 했다.

27) *Testamenta Eboracensia (Surtees Society)* Ⅰ, S. 223. 같은 책(S. 113)에서 초기의 사례로 발견되는 것은, 라티머 윌리암 공(Lord Latimer William)의 유언(1381년 4월 13일)이다. J. Nichols, *Royal Wills* (1780), S. 91, 120의 펨브로크(Pembroke) 백작의 유언(1372년 5월 5일)과 아른델(Arundel) 백작의 유언(1392-1393년 3월 4일) 등을 참조.

을 지정하였다. 그 중에는 두 명의 사교(師敎)와 세 명의 백작(伯爵)도 포함되어 있었다. 그는 이 문서에 그가 말한 내용인 '유언추가서(Kodizill; Codicillus)'를 첨부하였다. 그 보충서는 다음과 같이 시작한다.

> "하나, 나 영국왕 존의 아들이자 랭커스터의 공작(公爵)은 나를 위해서(a mon eops) 여러 가지의 영주권, 장원, 토지, 소작지, 지료(地料), 봉사(奉仕), 점유, 복귀권과 성교회령의 성직자추천권(聖職者推薦權, advoesons)[28]을 그들의 종물(從物)과 함께 취득하고 또 취득할 수 있는 … 이에 나는 유언서에 첨부한 종물을 수반하는 영주권, 장원, 토지, 소작지, 지료, 봉사, 점유, 복귀권, 성교회령의 성직자추천권에 대한 나의 최종적이고도 완전한 의사를 내용으로 하는 이 문서를 작성하였다."

그리고 그는 계속해서 이들 토지에 대해서 지켜야 할 사항들을 기술하고 있다. 그것은 예를 들면,

> "하나, 나의 친애하는 사작(士爵, trescher batchelor)인 로버트 네빌(Robert Nevyll), 윌리엄 가스코인(William Gascoigne) 또 친애하는 토마스 드 라데클리프(Thomas de Radecliff), 윌리엄 캐터링(William Keteryng) 그리고 나의 친애하는 서기(書記) 토마스 드 롱리(Thomas

28) [역자주] 또는 'advowson'이라고도 함. 노르만족의 정복으로 영국의 교회에도 커다란 변화가 일어났는데, 노르만인들에게 교회의 고위직을 부여하고, 봉건사회 내에서 교회의 지위를 정립했으며, 수도원을 다시 활성화하였다. 인구가 급격하게 증가함에 따라 교구(parish) 교회가 부족해지자 노르만의 영주와 기사들은 각지에 교회를 세웠는데, 그들은 이런 교회를 자신의 소유로 생각하고 그 사제(師弟)들을 지명할 권한인 성직자추천권을 행사하였다.

de Longley). 이들은 나의 지시에 따라 에버윅(Everwyk) 주(州)의 베르놀스윅(Bernolswyk)의 장원에 토지를 양도하였다. 그러므로 이들이 나의 유언집행인에게 매년 일정액을 지불할 것을 희망한다. … ”

요약하자면, 일단 일정액의 금전이 유언집행인에게 지불되어야 한다. 그렇게 되면 유언집행인이 그것을 경건한 목적에 사용하게 된다. 그리고,

“그래서 앞서 기술한 것인 장원의 부동산은 각별히 사랑하는 아들인 헤리포드(Hereford)의 헨리(Henry) 공작 및 그 상속인의 것으로 한다. 만약 헨리의 자손이 없는 경우 잔여권[29]은 나의 법적상속인의 것으로 한다.”

그리고 마지막 부분에는 다음과 같은 말이 기술되어 있다.

“하나, 나는 다른 모든 영주권, 장원, 토지 … 등에서 그러한 종물(從物) 모두가 나를 위해 취득되고 그리고 나에 의해 지정된 토지의 양수인의 수중에 있지만, 그것들은 나의 사후에 – 살아 있는 동안에 내가 다른 지시사항을 내리지 않는 한 – 나의 아들, 토마스(Thomas)에게 주어 그와 그의 직계비속(直系卑屬)인 상속인이 소유할 수 있기를 희망한다. 그에게 자손이 없는 경우, 잔여권은 그의 형제, 존(Johan)과 그의 직계비속인 상속인이 가지게 한다. 만일 존의 자손도 없는 경우에 잔여권은 그의 자매, 조안느(Johanne)와 그의 직계비속인 상속인의 것으로 한다. 그리고 조안느의 자손이 없는 경우 잔여권에 대해서는 랭커스터(Lancaster)

29) 이것은 상속기대권(相續期待權, Anwartschaft)이다.

공령 상속부동산의 상속인이 나의 정당한 상속인이다. 나는 여기에서 기재하고 있는, 내가 희망한 지시와 유증이 모두 언제나 장래 그 재산과 권능을 취득하는 자에 의해 그리고 법률가의 현명한 지시와 조언에 따라 가장 확실하게 정리할 수 있는 수단으로 성취되기를 희망한다."

새로운 토지관행의 일반화

그렇다면 곤트(Gaunt)의 존(John)의 유언과 관련한 상황이 어떤 것인지 살펴보자. 공작은 여러 친구들과 가신(家臣)이라 할 수 있는 사람들에게 다양한 종류의 토지를 양도하였다. 그는 사망이 임박해 왔음을 느끼고 그가 바라는 일을 선언하였는데, 그 내용은 두 개 사항으로 나누어져 있다. 즉 유언집행인이 그의 영혼을 달래주기 위해서 쓰여질 기금을 증가시켜주기를 바랐고 또 차자(次子) 이하의 자녀들이나 경우에 따라서 비적출(非嫡出)의 자에게 얼마간 부양해주기를 원하였다.

이는 분명히 새로운 형식의 토지관행이 급속도로 퍼져나갔다는 증거이다. 비록 수집할 수 있는 인쇄형태로 된 유언서의 소장자료들이 그다지 많지는 않지만, 간행된 저서들에서는 유언자를 '위해(use)'서 보유된 토지에 대한 언급이 어떤 이유에서인지 14세기 말부터 갑자기 나타나기 시작하여 그 이후로는 일반적인 모습이 되었다. 이러한 일반적 관행이 법적 보호를 받기 이전부터 상당기간 존재하고 있었다고 확실하게 추정할 수는 없다. 오히려 그 기간은 짧았던 것으로 생각된다. 그래서 1396년과 1403년 사이에는 대법관의 소송 개입이 요청되었다.[30)]

옛 법원인 '보통법 법원(Courts of Common Law)'이 어떠한 도움을 주기에는 상당히 어려운 문제였다. 언급한 바와 같이 영국의 토지법체계는 일찍 성숙한 만큼 이미 상당히 경직화(硬直化)되어 있었다. 의회제정법에 의하지 않고 새로운 물권(dingliches Recht)을 도입하는 것, 나아가 소유권(Eigentum)을 약간 새롭게 수정하는 일조차 불가능했다. 영국의 기록문서에서 '해제조건부 소유권'이 존재하던 때의 용어를 사용하여 새로운 사안에 적용했던 시도는 전혀 발견할 수 없다.[31] 그리고 다른 한편으로 '채권계약(債權契約, obligatorischer Vertrag)'이 체결된 경우에 통상적으로 사용되던 문구를 결하고 있는 경우가 현저하게 나타난다. 신탁이 준수될 것이라는 정형화된 약속을 수탁자로부터 틀림없이 이루어지게 하려는 배려는 전혀 없었다. 애초에 사람들은 신탁설정자로부터 수탁자를 구속하는 계약 즉 영지양도인(feoffator)으로부터 영지양수인(feoffati)을 구속하는 계약은 필요하지 않다고 생각하고 있었다.

유언 그리고 領民, 領主, 國王

게다가 일단 옛 보통법 법원이 이러한 사실에 주의를 기울이지 않기 시작했다면 입법정책상 중요한 문제에 직면할 수밖에 없

30) *Select Cases in Chancery (Selden Society)*, p. 69.

31) 이 사실은 그다지 정확하지 않다. '조건(conditiones)'이란 수단으로 그 목적을 달성하기 위한 시도가 약간은 있었다. 그리고 에드워드 3세(Edward Ⅲ) 자신이 만들어 놓았던 이러한 종류의 시도가 어느 정도는 있었던 것으로 보인다. 그러나 '조건(condition)'의 메커니즘은 매우 다루기 힘들게 되어 있었다.

을 것이라는 생각은 아마도 막연하게나마 들었을 것이다. 귀족들의 견해는 개연성 있는 모든 것으로 상당히 나누어져 있었다. 그들은 유언서의 작성을 희망하였다. 그러나 그들은 '영주(領主, Lords)'였다. 그렇지만 그들의 '영민(領民, tenants)'이 유언서를 작성하는 일이 영주로서 썩 유쾌하지 않았다. 또한 영국에는 이 새로운 사태를 전면적으로 억제함으로써 잃을 것은 전혀 없지만 대신 얻을 것은 많은 한 사람의 인물이 있었다. 그 한 사람은 바로 국왕이었다. 왜냐하면 그는 언제나 '영주'일 뿐 결코 '영민'일 수는 없었기 때문이다. 다시 말해 만약 이 사실에 관하여 공개토론을 연다 하더라도, 토지소유자 그 중에서도 실력자가 유언서를 작성한 경우 국왕은 보상의 요구가 정당하다고 주장했을 것이 분명하기 때문이다. 아마도 중세 영국인조차 "국왕은 자기 자신의 힘으로 생활이 가능하지 않다"고 하면서 그가 세금에 의존하여 살아갈 수밖에 없음을 인정하였을 것이다. 국왕은 재원(財源)을 가지고 있어야만 했다. 그러므로 분명 초기 신탁에 대해 옛 보통법 법원이 힘들게 견지해왔던 최선의 방법은 신탁으로부터 눈을 다른 곳으로 옮기는 일이었다고 말할 수 있다. 상당히 오래 전부터 영국의 위대한 법률가 몇몇은 이 새로운 관행에 틀림없이 깊이 관계되어 있었다. 우리는 앞에서 곤트(Gaunt)의 존(John)의 수탁자로서 윌리엄 가스코인(William Gascoigne)이라는 인물이 있었음을 기억한다. 그는 이미 영국에서 이름 높은 법률가이었다. 그는 세익스피어(Shakespeare)의 모든 독자들에게는 널리 알려져 있었으며, 이제 막 영국 수석법관으로 임명되려던 참이었다. 토마스 리틀턴(Thomas Littleton)[32]은 그의 아주 유명한 저서에서 영국 토지법을 상세히 서술하면서도 '유스부 영지공시양도'에 대해서는 거의 한 마디도 언급하지 않았다. 하지만 그도 자신의 유언서를 작성할 당시에는 "또한 나는 어떤 토지에 대한 나의 유스부 자유보유권의 피이전자(被移轉者)가 나의 자식, 리차드 리틀턴(Richard Littleton)과 그 직계비속인 법정상속인에게 부동산을 확보시켜 주길 바란다"라고 했을 것이다.

유스(use)관행의 법적 판단

국왕의 이해관계가 어디에 존재하는지를 고려할 경우, 중대한 조치가 국왕의 수석장관(首席長官)인 대법관에 의해 강구되었다는 사실은 다소 놀라운 일이다. 그렇지만 관련 조치가 손익(損益)에 대한 어떠한 계산도 없이 내려졌을 가능성도 충분히 있을 수 있다고 생각한다.[33] 말도 안 되는 한 사건을 생각해 보자. 어떤 사람들(수탁자들)이 점잖은 모든 사람들에 의해 비난받을 만한 그리고 보기에 지나치게 불성실한 행위를 저질렀다고 하자. 이러한 사건에 대해 옛 보통법 법원은 구제(救濟)해주는 일에는 개입하지 말

---

32) [역자주] 토마스 리틀턴(Thomas Littleton: ? –1481)은 1453년 상급법정변호사(serjeant–at–law)가 되었고, 1466년에 요즘의 민사소송 법원인 'Court of Common Pleas' 판사가 되었다. 1475년에는 기사로 서임(敍任)되었다.

33) 결정적인 시점에 국왕 자신이 유언으로서 토지를 남길 것을 바란다는 사실은 상당히 중요하다. 에드워드 3세(Edward Ⅲ)는 이를 행하려고 노력하였지만 부질없는 노력이었다. 1417년에 헨리 5세(Henry Ⅴ)는 영지수령자(네 사람의 사교, 한 사람의 공작 그리고 세 사람의 백작을 포함함)의 손에 엄청난 양의 토지를 양도하였다. 그리고 그의 형제를 위해서 유언을 하였다. Nichols, *Royal Wills*, 236을 참조.

아야 한다고 가르침을 받아왔기 때문에 형평법(Equity) 법원이 오히려 개입할 여지는 남아 있었다. 그리고 이것은 정치의 문제이었음과 동시에 법률학의 문제였다. 첫 순간부터 영국의 대법관이 이 새로운 법제도의 '법적 성질(juristische Natur)'때문에 머리가 혼란스러웠을는지 어떤지는 확실치 않다. 또 그가 영국법의 새로운 장(章)을 쓰기 시작했을 때, 그 새로운 표제를 '물권법(Sachenrecht)'이라고 해야 하는지 아니면 '채권법(Obligationenrecht)'이라고 해야 하는지를 자문(自問)했었는지도 의문스럽다. 이 약간 파렴치한 사건에서 대법관은 명예가 요구되는 일을 할 것을 수탁자에게 강요하였다. 인간은 변덕스러운 존재이기에 종종 먼저 행동부터 해놓고 나중에 생각한다.

우리는 당분간 중요 부분에서 주저하게 될 것임을 알고 있다. 예를 들면 단독수탁자의 상속인에 대해서 신탁의 효력이 발생할 수 있는지 여부와 같은 의문스러운 말들을 듣게 된다. 이미 언급한 바와 같이 일반적으로 이러한 의문이 생기는 것을 방지하기 위한 노력들, 즉 토지가 한 사람의 손에 귀속되는 것을 방지하기 위한 노력 등과 같은 여러 가지 노력들이 있었다. 그러한 수탁자의 보호장벽을 적절하게 보완하는 한 상속은 일어나지 않을 것이다. 그러나 전체적으로 보아 새로운 법제도는 일정한 목적지를 향해 곧바로 저항이 가장 작은 진로(進路)를 발견하여 방해물이 미처 저항할 틈조차 주지 않고 계속 전진해 왔다고 생각한다.

IV 衡平法과 信託受益者 權利保護

신탁수익자 권리와 효력범위

이하에서 우리는 신탁수익자(Destinatär)의 여러 권리, 요컨대 우리가 사용하는 전문용어로써 'cestui que trust(신탁수익자)'의 권리에 대해 다루어 보고자 한다.[34] 신탁수익자의 권리가 누구에 대해 유효한 것인가라는 문제는 제쳐두더라도 그들 권리의 효력이 어느 범위에서 어떻게 취급되고 있는지에 대해서 검토해 볼 필요가 있다. 그렇다면 무엇보다도 효력의 범위에 있어서, 신탁수익자의 여러 권리가 영국의 중세 토지법이 풍부하게 담고 있는 내용인 다양한 소유권(Eigentum) 형식과 유사한 어떤 것 내지는 소유권 자체로 취급되고 있다는 점에 대해서는 금방 납득할 수 있을 것이다. 신탁수익자는 토지 자체가 아니라 '유스(Nutznießung; use)'[35]에

34) 최초의 그 문구는 'cestui a qui oes le feoffement fut fait'이다. 그리고 이것이 변화되어 'cestui que use'로 되고, 그런 다음 'cestui que trust'가 되었다.

대한 '부동산권(Estate)'을 가지고 있었다. 이 부동산권은 단순봉토권이거나 생애권이거나 잔여권이거나 그 외의 여러 종류의 권리에 해당되는 것이었다. '유스(use)'는 무체물(無體物)이자 땅의 무형 부분에 속한 어떤 것이라고 말할 수 있다. 그리고 이 무체물 속에 토지의 실체적으로 유형(有形)한 부분이나 실질적으로 가질 수 있는 모든 권리, 즉 '부동산권'이 포함되어 있다고 말할 수 있다. 이후 시간이 흘러 동산 및 단순 청구권(Forderungen)도 신탁으로 개시되었고, 마침내 영국의 재산법(財産法) 제2판에 편입되었다. 이 재산법 제2판은 몇 가지 측면에서는 종전보다 개선된 것이었다. 상속이나 양도 등의 문제 전체에 관해 대법관의 형평법 법원(Billigkeitsrecht des Kanzlers; Chancellor's Equity)이라 일컬어지는 법원은 결국 보통법(Common Law)의 원리에 따르게 되었다.

다른 중요한 문제들은 일찌감치 해결되었다. 아주 초기의 신탁은 원래 신탁설정자(信託設定者)를 위한 신탁이었다. 나아가 설정자는 단순히 신탁의 설정자일 뿐만 아니라 신탁수익자이기도 하였다. 그리고 그가 대법관의 조력(助力)을 받는 경우, 그것은 계약당사자의 지위가 아니라 신탁수익자의 지위에서 받는 것이었다. 이러한 사례들에서 계약의 관념은 대법관의 업무 즉 판결시에 가지는 관념이 아니었다. 그 이유는 아마도 옛 보통법 법원이 계약의 효력을 강제함을 명언하는 데 있을 것이다. 소권(訴權)을 가진 자는 신탁수익자이고, 그는 신탁이 설정될 당시에는 아직 존재하

35) [역자주] 독일어의 'Nutznießung'은 일반적으로 '용익(用益)'이라는 의미이지만, 유스(use)와 유사한 것으로 본다. 이하 독자의 이해를 위해 원문에서 'Nutznießung'이라고 쓰고 있는 부분과 'use'라 쓰고 있는 부분 모두를 통칭하여 '유스(use)'라 표기하기로 한다.

지도 않는 단지 한 개체(個體)로서의 사람일 뿐이다. 상당히 이상하게 들리겠지만 이 점은 중요하다. 이런 말을 하는 이유는 보통법 법원이 어느 정도 동요(動搖)된 후에 '제3자를 위한 계약(Vertrages zugunsten Dritter)'의 사례에서 제3자는 소권을 가질 수 없다는 원칙을 채용하였다는 데에서 찾아볼 수 있다.

그러나 신탁수익자는 진정한 소유권, 이른바 진정한 물권적 권리(dingliches Recht)를 향유할 수 없었다. 일반적으로 완전하고 자유로운데다가 무조건적이기도 한 소유권이 수탁자에게 주어져 있었다. 그러므로 형평법 법원의 대법관이 신탁수익자에게 진정한 물적 권리를 부여하기 위해 시도하였다면 이는 새로운 형평법 법원이 옛 보통법 법원이 이룩해 놓은 성과(成果)에 보탬을 주는 것이 아니라 오히려 그 성과를 무너뜨리는 것이었다.

이상과 같은 사실은 우리에게 중대한 문제를 초래한다. 즉 "신탁수익자의 권리는 누구에 대해서 행사(行使)할 수 있는가"라는 문제가 제기되는 것이다. 우리는 그 권리가 신탁설정 당시의 수탁자에 대해서 행사되었음을 알 수 있다. 그 다음에 얼마간 그 토지를 상속한 수탁자의 법정상속인에 대해서도 일정기간 동안 행사되었음을 알 수 있다. 그리고 좀더 일반적으로 말하자면 신탁수익자의 권리는 수탁자의 사망에 기한 권리승계(權利承繼)에 의해서 수탁자의 지위를 점하는 자(者) 모두에 대해서 행사되었다. 그러나 신탁을 위반한 수탁자에게서 토지를 양도받은 사람에 대해서는 어떻게 할 것인가? 보통법 법원의 견해에 따르면 이러한 양수인은 소유권 취득이 가능하였다. 즉 당해 양수인은 완전하고도 자유로운 소유권, 즉 그 이하도 그 이상도 아닌 소유권을 취득하였다.

良心의 有責性

문제는 토지 양수인은 소유권자임에도 불구하고 그가 신탁수익자를 위한 토지를 가지는 것으로 강제되는지 여부이다. 하지만 곧 이 문제에 대한 모든 것이 그가 소유권을 취득했던 시점의 '양심(Gewissen; conscience)'의 상태에 의존한다는 사실을 알게 되었다. 그것은 '인식(認識, Wissen um die Sache; notice)'의 문제이다. 이러한 내용은 머지않아 1471년에 다음과 같이 기술되었다. "나의 수탁자는, 그 수탁자가 나의 유스(use)를 위해 보유하고 있음을 충분히 잘 알고 있는 제3자에게 토지를 양도한 경우, 나는 양자(兩者)에 대해서, 즉 수탁자와 마찬가지로 매수인에 대해서도 대법관에게 구제를 받을 수가 있다. 왜냐하면 그 매수인은 양심에 기해서 나의 토지를 산 것이기 때문이다."[36]

이상과 같은 점은 우뚝 솟은 건축물이 세워지기 위한 기초로 작용한다. 대법관이 자신의 업무인 판결을 내리면서 사용한 것은 양심의 유책성(有責性) 개념이었다. 어떤 사람이 토지가 자기 자신을 위해 신탁으로서 보유되고 있음을 알고서 그 소유권을 취득한 경우, 그는 양심에 반한 행동을 한 것이고, 그는 '나(신탁수익자)를 위한' 수탁자로 취급된다. 양심적으로 그 토지는 '나의 토지(ma terre)'이다.

---

36) *Year Book*, 11 Edward. Ⅳ, folio. 8: "Si mon foeffee de trust etc. enfeoffe un autre, que conust bien que le foeffor rien ad forsque a mon use, subpoena girra vers ambideux: scil. auxibien vers le foeffee come vers le foeffor … pur ceo que en conscience il purchase ma terre."

事實의 認識과 惡意推定 판단

이 개념이 확립되면 어떤 법률가라도 '만일 그가 알고 있었다고 한다면'이라는 문구를 들은 후 얼마 있지 않아 '그렇지 않으면 당연히 알고 있어야 했던'이라는 말을 이어서 듣더라도, 또는 어느 정도의 부주의는 사기(詐欺)와 마찬가지라는 말을 듣더라도 특별히 놀랄 만한 것은 못된다. 즉 '사실의 인식(tatsächlichen Mitwisserschaft)'의 바로 옆에는 '악의추정(konstruktive Mitwisserschaft)'이 위치하고 있다.

그리고 슐츠 박사(Dr. Schultze)가 두 번째로 랑고바르트족(Langobarden)에 대해서 기술했던 부분 중 이와 관련한 부분을 다시 한 번 살펴본다.

> "일찍부터 랑고바르트족 역시 토지에 관한 권리변동(權利變動)의 부족법적 형태를 알고 있었으므로, 수탁자 권리의 물권적 제한의 사실은 권리변동에 관해서 실행된 그 시점에 충분히 납득이 갈 만한 정도로 통지하였다는 점이다. 그러나 우리가 관심을 가지고 있는 시대에서는 증서 인도(traditio cartae)라는 방식을 상당히 흔히 사용하고 있었다. 뿐만 아니라 일반적인 사인증여(死因贈與)의 경우는 물론 수탁자에게 증여하는 경우에도 여하튼 한결같이 증서의 인도라는 방식을 사용하였다."

위에서 언급한 이야기들은 영국에서 신탁이 발생했던 시대뿐만 아니라 그 후 상당한 세월이 지난 근대의 영국에도 해당하는 이야기이다. 이 부분에 대해 지루하리만큼 오랫동안 자세히 설명

함으로써 우리가 목적한 바를 이루는 데 그다지 중요하지 않은 부분이 있다면, 그 부분에 대해선 약간 수정을 가해야 할 필요는 있다. 매수인은 대가(對價)를 지불하고 토지를 취득하기 이전에 매도인의 권원(權原)을 조사한다.[37] 그러면서 매수인은 매도인이 소유자인 것을 증명하는 '날인증서(捺印證書, Urkunden; deeds)'를 청구하고 조사한다. 그리고 계약을 특히 증서에 명시하지 않는 한 토지의 매도인은 자신의 소유권임을 증명해야 하는 상당히 번거로운 의무를 진다. 슐츠 박사가 말하는 이러한 법관습(Rechtssitte)이 대법관부법원으로 하여금 토지양수인의 주의의무(注意義務, diligence)의 형식적·객관적 기준을 설정할 수 있게 해주었다. 즉 신중한 토지양수인의 행위가 그 기준이 되었다. 토지양수인은 아래에서와 같이 신탁수익자가 가진 권리 전부에 대해서 알고 있는 것으로 추정된다. 즉, '악의추정을 받는 것'이 된다. 요컨대 만일 토지양수인이 자기에게 이익이 될 수 있도록 행위를 하는 신중한 매수자에 입각한 행위를 하였다면 알 수 있었을 것인 신탁수익자의 권리 전부에 대해서 알고 있다고 추정된다. "그러나 가령 양수인이 법관습에 반하여 부동산 권리증서에 관한 주의를 결한 경우 … 그는 그것으로 인해 입은 손해에 대해서 스스로의 책임을 면하지 못한다." 확실히 그러했다. 이렇게 하여 토지양수인 자신이 수탁자가 되었다. 그리고 그는 불법행위상 또는 준(準)불법행위상(ex delicto vel

---

37) [역자주] 부동산 거래에 있어 매수자는 권원상의 하자나 부담으로부터 발생하는 위험을 사전에 방지하기 위한 노력으로 당해 부동산의 권원을 조사해야 한다. 이러한 취지에서 나온 영미법상의 에스크로우(escrow)제도나 권원보험제도(權原保險制度)는 부동산 거래자의 이러한 권원조사(權原調査)의 부담을 덜어 주자는 것이다.

quasi)의 수탁자가 되었다고 할 수 있다. 그 결과, 비록 그가 악의(dolus)의 책임을 지는 것은 아니라 할지라도 악의에 상당한 부주의에 의한 과실책임(過失責任)을 지게 된다. 그 스스로가 이 모든 상황이 보이지 않게끔 아예 자신의 눈을 감아버렸기 때문이다.

악의추정의 '合理的인 사람' 기준

사실상 대법관이 물적 권리를 창설할 수는 없었다. 수탁자는 소유자이다. 만일 수탁자로부터 소유권을 취득했던 양수인이 신탁수익자의 권리에 관해 단순히 알지 못했을 뿐만 아니라 그 알지 못했던 것이 면책의 여지가 있는 경우라면, 그 양수인에게는 취득했던 소유권을 그대로 향유할 수 있다고 인정하지 않을 수 없었다. 만일 그가 신중한 사람 즉 합리적인 사람(vernünftige Mann)이 행동하는 것처럼 행동하였다면 '그의 양심은 어떤 영향도 받지 않은 것이다.' 그리고 대법관의 형평법 법원은 그에 대해 어떠한 효력도 미치지 못하였다. 그러나 대법관부 법원 즉 형평법 법원은 주의의무의 기준을 더 높여 엄격하게 설정하였다. 대법관부 법원의 재판관들은 신탁설정에 관한 전문가들이었다. 그들은 멀리 떨어진 곳으로부터 신탁의 수상쩍음을 감지하는 능력이 있었고, 그들 자신들의 예민한 육감(六感)을 모두 합리적인 사람에게 귀착시키려는 경향도 있었다. 재판관들은 양수인이 검토해 보았거나 당연히 조사해야 했던 것, 즉 부동산권리증서(不動産權利證書, Erwerbsurkunden)에서 제시하고 있는 권원상황들을 추적할 것을 요구하였다. 그리고 그 부동산권리증서를 추적해 보았더라면 발견할 수 있었을 사실

전부에 대한 악의추정 판단의 기준을 '합리적인 사람'에 맞추려는 경향이 있었다.

최근에는 토지양수인의 이익을 위한 측면으로 움직임이 약간 일어났었다. 즉, 앞서 이야기했던 기준이 계속해서 더 높아진 것이 아니라 오히려 약간 낮아진 것이다. 그러나 여전히 토지에 영향을 미치는 모든 신탁행위(信託行爲)에 대해 '악의추정'을 인정받지 않고서는 영국에서의 토지 취득은 당해 토지를 취득하려는 누구에게라도 상당히 곤란하다. 특히 수탁자가 문서위조(文書僞造)라는 중죄를 범한 경우에는 이미 기술했던 부분에서 제외되어 효력이 전혀 발생할 여지가 없으므로 굳이 말할 필요조차 없다.[38]

有償讓受人 지위보장과 신탁재산

다른 관점에서 볼 때, 신탁의 경우는 유상행위(有償行爲, entgeltliche Handlung)와 무상행위(無償行爲, unentgeltliche Handlung) 사이에 하나의 커다란 획을 그은 것이지만, 다른 한편으로 고찰하여야 할 문제도 여전히 남아 있다. '대가(對價, Gegenwert)'를 지불하지 않고 수탁자로부터 토지를 취득한 사람은 비록 취득시에 신탁의 존재를 알지 못했다 하더라도 그 신탁의 구속을 받았다. 취득자가 당해 증여가 신탁에 위반하여 행하여졌다는 것을 알고 난 뒤에도 역시 그 행위를 계속해서 하는 경우에는 '양심에 반하는(gegen das Gewissen)' 것으로 된다. 신탁수익자의 청구로부터 자유로울 수 있

38) 최근 재산법의 입법(立法)에서는 악의추정의 이론을 수정(修正)하였다.

는 자는 단지 유상(有償)의 양수인에 한하였다.

또한 수탁자의 채권자는 수탁자가 보유하고 있는 신탁재산으로부터 대금채권(貸金債權)의 회수를 꾀하는 것이 불가능하다는 원칙도 확립되었다. 나아가 다른 한편으로 신탁수익자의 채권자는 당해 재산을 신탁수익자 재산의 일부로 간주하는 것이 가능하였다. 만일 당사자 쌍방이 파산(破産)했다고 가정하면, 이 재산은 수탁자의 채권자 사이에서 분배되는 것이 아니라 신탁수익자의 채권자 사이에서 분배되었다. 이 점은 굳이 강조하지 않더라도 매우 중요하다.

法人擬制理論과 당사자 사망시의 재산귀속

이러한 모든 결과는 오랜 세월을 거쳐서 이루어졌다. 새로운 법원의 형평법(Billigkeitsrecht)은 선례(先例)로부터 선례로 천천히 한 걸음씩 앞으로 나아왔다. 그러나 항상 하나의 목적으로만 즉 모든 면에서 특히 신탁수익자의 권리를 강화(强化)하는 쪽으로만 향해 왔다. 이와 관련해서, 예를 들어 다음과 같은 점이 주목을 끌고 있다. 즉 최근에 신탁수익자가 그의 토지를 취득한 법인에 대해서는 자기의 권리를 행사할 수 없다고 하는 주장이 제기된 바 있다. 왜냐하면 이러한 견해는 법인은 양심을 가지지 못하고 또한 양심은 형평법 법원의 재판권을 기초로 하는 것으로 보고 있었기 때문이다. 그러나 외국의 의제이론(擬制理論, Fiktionstheorie)에서 출발한 이 귀중한 연역은 오래 전에 무시되었고 오히려 지금은 법인을 수탁자로 보는 것이 가장 일반적이다.

그러나 아마도 이 신탁이라는 법제도(Rechtsinstitut)의 발전은 또 다른 면에서 아주 현저하게 나타났다. 만약 현대의 영국인에게 있어 단독수탁자가 유언을 하지 않았거나 법정상속인 없이 사망한 경우에 신탁수익자의 권리가 소멸한다고 하면 이는 명백히 부당하므로 참으로 견딜 수 없을 것이다. 다른 한편으로 이 토지의 신탁수익자 즉 '형평법상의 소유자'가 유언이 없거나 또는 법정상속인이 없이 사망한 경우에 그 때부터 수탁자가 자기 자신을 위해서 그 토지를 보유(保有)한다는 것도 지금의 영국인으로서는 약간 부자연스럽다고 생각할 것이다. 그러나 형평법 법원은 선량(善良)한 양심이라는 이념만을 가지고 판단하였기 때문에 우리가 현재 정당한 결과라고 생각하는 데에 이를 수가 없었다. 첫 번째 사례인 수탁자의 사망(Tod des Trustee)의 경우에는 토지가 국왕이나 다른 어떤 봉건영주(封建領主)에게 '부동산 복귀(不動産 復歸)'되었다. 부동산 복귀권자에게는 수탁자를 통해서건 신탁설정자를 통해서건 어떠한 권리도 주장하지 못했고, 형평법도 역시 그의 양심이 깨끗하다고 하여 그에 대한 어떠한 효력도 가지지 못하였다.[39] 두 번째 사례인 신탁수익자의 사망(Tod des Destinatars)의 경우 신탁은 종료되었다. 수탁자는 말할 필요도 없이 보통법상의 소유자가 되었다. 이 경우 국왕과 봉건영주는 신탁수익자가 아니었다. 그러나 근대 입법은 위 두 사례의 모습에 대해서 이 오랜 원칙을 파기하였다.

39) 이 문제에 대해서 보통법은 의회가 간섭하기 이전부터 어느 정도 의심을 하고 있었다.

衡平法上 所有權의 眞意

어쨌든 이렇게 해서 '형평법상 소유권(auf Billigkeitsrecht gegründeten Eigentums; ownership in equity)'이라는 개념이 우리에게 인식되었다. 만일 어떤 사람이 형평법상 한 필의 토지소유자인 경우에는 그가 동시에 "보통법상의 소유자가 아니다"라는 사실과 이른바 "보통법상 소유권이 수탁자에게 유보(留保)되어 있다"는 사실은 그에게 있어서는 별다른 차이가 없다. 그가 부담하고 있는 유일하고 중대(重大)한 위험은 '보통법상 소유권(legale Eigentum)'이 선의(善意, bona fide) 그리고 유상으로, 나아가 그 권리의 존재에 대해 현실의 인식 또는 악의추정 없이 그 소유권을 취득하는 자에게 귀속한다는 점이다. 그러나 이런 경우가 발생하기란 지극히 어려운 일이다. 이는 실무가가 조언(助言)을 하거나 서류를 작성하거나 할 경우 종종 고려해야 할 사항이기도 하다. 하지만 그렇더라도 드문 일이기는 마찬가지이다. 필자는 '형평법상 소유권'이 영국인의 통상적인 생각에 따라 깨끗하고 단순하며 정당(正當)한 소유권이리라 믿는다. 다만 그것은 선의의 취득자를 위한 특별하고도 전문기술적(專門技術的)인 동시에 그다지 명료하지 않은 원칙에 의하고 있을 뿐이다. 물론 어떤 법학 교수(敎授)는 학생들에게 그와 같이 생각해서는 안 되며, 적어도 그러한 방법으로 사고의 시작을 해서는 안 된다고 가르칠 것이다. 교수는 신탁수익자의 권리가 역사 속에서건 근본원리(根本原理)의 분석에 의해서건 물권적인 것이 아니라 채권적인 것이라고 학생들에게 가르칠지도 모른다. 다시 말해 그 권리가 무언가 특별한 이유에서 그것을 존중해야 하는 자들에 대해서만 단지 효력이 있다고 가르칠지도 모른다. 그러나 그 교수가 어떤 말을 하건 내버려 둘 것이다. 즉, 그럼에도 불구하고 상당히 많은 사람들이 실질적으로는 마치 진정한 소유권(echtes dominium)과 거의 동일한 가치에 있는 것이라 할 수 있는 이들 권리를 존중해야 한다고 말하더라도 말이다.[40]

대법관부 법원의 신탁수익자 편중 보호

이것이 전부는 아니다. 신탁으로 보유하고 있는 물건(Sache)이 그 신탁의 효력을 강제할 수 없는 자의 손에 이르게 되었다고 가정해보자. 그리고 이러한 사례가 토지에 대해서 일어났다고 생각해보자. 물론 동산의 경우에는 이러한 일이 보다 수월하게 발생한다. 왜냐하면 — 앞서 슐츠 박사(Dr. Schultze)가 제시한 이유에 따르면 — 법원은 동산 거래(去來)에까지 악의추정의 원칙을 확장시킬 수 없기 때문이다. 여기에서 우리가 신탁수익자를 위해서 단지 손해배상청구(Schadenersatzklage)를 인정하는 것 이상의 어떤 조치를 불성실(不誠實)한 수탁자에게 가할 수 없는가? 이러한 물음은 손해

---

40) 이론상의 논의에서조차 몇몇 저자들은 신탁수익자를 '진실한 소유자'로서, 그리고 수탁자의 소유권을 '명목상(名目上, nominell)'이거나 '의제적(擬制的, fingiert)'인 것으로 서술하고 있다. Salmond, *Jurisprudence*, S. 278을 참조. 그러나 필자는 어떤 훌륭한 미국의 교수가 말하는 것처럼, "형평법상으로는 비록 그것이 가능하다 하더라도 대물적 권리를 창설할 수는 없고, 또 그것이 비록 가능하다 하더라도 그런 식으로 창설할 수는 없다"라고 좀더 설득력 있고 좀더 단순하게 이야기할 수 있다고 생각한다. Langdell, *Harvard Law Review*, Vol. Ⅰ, p. 60을 참조.

배상청구가 언제나 가장 효율적 구제수단이라고 할 수 없다는 데서 기인한다. 왜냐하면 불성실한 자들은 종종 궁핍하거나 무자력(無資力)하기 때문이다.

대법관부 법원은 그런 신탁수익자를 위해서 그 이상의 무엇인가를 조치했다. 필자는 대법관부 법원이 내린 조치가 추상적이고 심오한 표현으로 이루어져 잘 설명할 수는 없지만, 아마 '신탁기금(信託基金, Trustfond)'을 무체물로 전환하여 '투자하는(investiert)' 것을 가능하게 한 것이 아닌가 라고 말할 수 있다. '투자(投資, investment)'라는 말의 숨겨진 의미를 살펴보자. 일반적으로는 '신탁기금'의 외적(外的) 모습이 변화하더라도 동일성을 유지하는 것은 가능하다고 생각한다. 예를 들어 오늘 신탁기금이 한 필의 토지라는 모습을 하고 있지만 내일 어느 정도의 금화(金貨)를 추구하는 경우이다. 그 후에 그것이 합병공채(合併公債, Summe von Consols)로 되거나 또 철도회사의 주식으로, 나아가 페루(Peru)의 공채증서로 된다. 모든 상황이 잘 들어맞을 경우 이처럼 투자의 변경이 종종 행해진다. 수탁자에게는 투자의 종목(種目)을 변경할 권한이 주어져 왔다. 그렇더라도 계속해서 '신탁기금'은 그 자체의 동일성을 유지하고 있다. "대가(對價)는 물(物)로 모습이 변한다(Pretium succedit in locum rei). 그리고 물은 대가로 모습이 변한다(res succedit in locum pretii)"라고 애기할 수 있다.

심지어 위와 같은 개념들은 모든 상황들이 원활하게 들어맞지 않는 경우에도 똑같이 적용된다. 수탁자가 대가를 횡령(橫領)할 의도로 땅을 팔았다고 가정해보자. 그 대가는 당장 그의 주머니 속에 은행증권의 형식으로 지불된다. 그 은행증권은 '형평법상' 신탁수익자에게 귀속한다. 수탁자는 은행증권을 주식의 대가로 써버

린다. 물론 이 경우 주식들도 형평법상 신탁수익자에게 귀속한다. 수탁자는 파산에 이른다. 그 때 주식들은 그의 채권자 사이에서 배당될 수 있는 재산부분이 아니다. 이 주식들은 신탁수익자에게 속하는 것이다. 한편, 그 후 수탁자가 '금전신탁(金錢信託, Trustgeld)'을 자신의 금전과 혼동(混同)해 버린 경우, 사람들은 될 수 있는 한 수탁자는 성실한 자이고 그가 타인의 금전이 아니라 자신의 금전을 사용한다고 생각할 수밖에 없다. 투자로부터 투자로 이르게 할 수 있는 신탁기금이라는 개념이 언제나 쉽게 작용하는 것은 아니다. 그리고 필자는 이러한 설명이 수탁자의 채권자들의 청구에 비해 불공평한 취급을 하고 있는 것이라고 생각한다. 그러나 이 점은 영국의 신탁제도에 있어 중요한 부분이다. 대법관부 법원은 소중한 신탁수익자가 단순 채권자의 지위로 떨어지는 것을 방지(防止)하기 위하여 힘들게 투쟁해왔다. 그리고 신탁수익자는 흔히 하나 이상의 구제수단(救濟手段)을 가지고 있다고 이해하였을 것이다. 그는 1필의 토지를 회수하거나 토지를 넘긴 수탁자를 비난하거나, 어쨌든 양자 모두를 할 수 있다. 그가 자신이 잃었던 것 또는 그것에 상당하는 것을 획득하지 못하는 한 어떠한 순서로 그가 그의 권리를 행사할 것인가는 제3자가 이래라 저래라 할 바는 아니다.

이러한 현상을 완벽하게 설명하기 위해 수탁자에게는 고도(高度)의 성실함뿐만 아니라 고도의 주의의무를 요구했음을 덧붙여야 한다. 일반적으로 주의의무 정도는 지나치게 높았다. 최근에 영국의회는 명문(明文)으로 주의의무 정도를 경감시키지는 않는 대신에 잘못을 저질렀거나 현명하지 못한 행위를 하였던 성실한 수탁자를 관대하게 취급할 수 있는 자유재량권(自由裁量權)을 법원에게 주었다. 여기서 성실한 수탁자라고 함은 '기술적인 신탁위반(technische

Verletzung des Trust)'을 범(犯)하여 파산을 초래한 사람이거나 친구의 자녀의 소송에 의하여 파산에 이르게 된 자를 일컫는데, 이러한 것은 과거 영국사회에서는 지극히 익숙한 모습이었다. 한편 최근에 이르러서야 금전이나 기타 동산을 횡령한 불성실한 수탁자를 범죄자로 취급하게 되었다. 물론 여기에는 한 가지 어려운 문제가 있다. 즉 '보통법상(gemeinem Rechte)'으로는 수탁자가 소유자이므로 수탁자인 어떤 자가 자신이 소유 또는 점유하고 있는 물건을 절도하였다고 해서 죄가 되지는 않는다는 사실이다. 그러나 반세기에 걸쳐서 우리는 형사상(刑事上)의 신탁위반이라는 것을 알게 되었고 굳이 절도라고 부르지 않고서도 그것을 엄격히 처벌할 수 있게 되었다.

소결 : 영국법의 노력, 신탁수익자의 권리

요컨대 외국 법률가가 영국의 신탁수익자의 지위에 대해서 검토해 본 후 신탁수익자를 부적절하게 보호한다고 말하지는 않을 것이 분명하다. 이 행운의 존재, 즉 영국 법학이 거둔 이 성과는 당연히 신성하다고 할 수밖에 없는 여러 원리들과 특질들의 희생으로 뒷받침되어 왔다. 아무튼 어떻게 해서 영국의 '법인격 없는 사단(uninkorporierten Köperschaften)'이 수탁자라는 장벽(障壁) 뒤에서 존속하고 번영해왔는지를 이해하는 사람이라면, 비록 진정한 '물(物)의 지배권(Dominium rei)'이라고는 부를 수 없다 하더라도, 신탁수익자의 권리가 단순한 약속의 이익이라기보다는 더욱 더 우수한 무엇이라는 것을 이해해야 할 것이다.

V 宗教, 信託 그리고 法人

承繼的 不動産權設定의 일반화

영국의 신탁이 이바지했던 여러 가지 쓰임새에 대해서는 개략적(概略的)으로만 이야기하더라도 많은 지면을 할애해야 한다. 주지(周知)하는 바와 같이 법제도라는 것은 일단 확립되고 나면 단지 그 본래의 기능이 불필요하게 되었다는 사실만으로 소멸하거나 쇠퇴하지 않는다. 일반적으로 신탁은 토지소유자가 유언하기를 원하지만 유언이 불가능한 경우에 설정된다. 그런데 어떤 제정법이 토지소유자에게 유언할 수 있는 권한을 부여해 주었다. 그러나 이 때까지도 신탁은 다른 기능들을 수행하며 목적을 달성하고 있음을 보여주고 있었기 때문에 소멸되지 않고 있었다. 헨리 8세(Henry Ⅷ)[41]가 했던 일들에 대해서 언급하는 것은 해야 할 이야

41) [역자주] 장미전쟁이 끝날 무렵 헨리 7세(Henry Ⅶ)의 둘째 아들로 태어났다. 그는 종교개혁을 이루어 내어 수도원을 해산시키고 그 재산을 왕에게 귀속시켰다. 수장령(首長領)을 공포하여 영국 교회는 로마로부터 분리하여

기가 너무 많아 곤란하다. 그는 봉건적(封建的) 수입을 잃어가는 중이었기 때문에 신탁에 엄청난 해악(害惡)을 끼치게 하는 조치를 단행(斷行)하였다. 그 조치는 오늘날까지 해악을 끼치고 있다고 느끼는 부분이기도 하다. 그러나 지금까지 나타난 현상으로 보아서는 그가 행한 조치가 강력한 흐름을 막는 데에는 그다지 효과가 없는 계획이었던 것으로 평가된다. 그 강력한 흐름은 얼마간의 결점들을 껴안고서도 전진하여 대세(大勢)를 이루게 되었다.

머지않아 신탁은 눈에 띄게 번성하였다. 한동안 주요한 사용목적은 '가족승계적(家族承繼的) 부동산권설정(Familiengüterordnung; family settlement)'이었다. 이 '가족승계적 부동산권설정'에 대해서는 이하의 내용 외에는 특별히 언급할 여지가 없다. 간략하게 말해 신탁은 이 승계적 부동산권설정을 통해서 부유하고 권력을 가진 계급에 봉사(奉仕)하였다. 즉 최선의 법적 조언과 최고의 법 기술(技術)을 마음대로 지배할 수 있는 대(大)토지소유자 계급의 편에 있었던 것이다. 그런 결과를 좋게 평가하든 나쁘게 평가하든 상관없이 상당히 고도의 기술이 광대한 토지재산을 가진 이들의 '가족승계적 부동산권설정' 구축에 이용되었음을 인정하지 않을 수 없다. 당시의 법률가들이 발휘할 수 있는 모든 통찰력은 수탁자의 의무를 명확히 하기 위한 곳에 사용되었다. 초기의 사례에서 볼 수 있는 바처럼, 때에 따라서 수탁자는 오직 요청이 있을 때까지 단지 보관만 할 의무를 부여받은 단순한 '소유권(dominium)'의 보관자(保管者)였다. 다른 한편 때때로 그들은 수행해야 할 많은 복잡한 의

영국 국왕의 통치 아래에 두게 하였다. 즉 영국 국교회를 설립하였다. 그리고 왕의 통제하에 놓인 성직자들에 대하여 새로운 세금을 부과함으로써 왕권신장(王權伸張)을 이끌어 내었다.

무와 함께 광범위한 자유재량권을 가지기도 하였다. 그리고 그 후 이른바 '승계적 부동산권설정'이 위에서부터, 이른바 토지귀족(土地貴族)에서부터 신흥재산가(新興財産家) 계급으로 이어져 내려왔다. 결국에는 상당히 부유한 남녀들치고 '혼인승계적(婚姻承繼的) 부동산권설정(Ehepakt; marriage settlement)'[42]을 하지 않고 결혼하는 경우는 아주 드물었다. 금전신탁이나 투자신탁이 토지신탁과 마찬가지로 흔하게 이루어졌다. 어떤 면에서 볼 때 이러한 현상들이 어느 정도 유언 자유의 최소한의 효과에서 기인한다는 점은 충분히 주목할 만하다. 보통법은 '유류분(遺留分, Pflilchtteil)'에 대해서는 전혀 고려하지 않았다. 그래서 결혼이 예정되어 있는 자녀를 위한 신탁은 유류분의 일종의 대용품(代用品)이었다. 그러나 이 즈음에서 우리가 주의해야 하는 점은 신탁이 영국법의 가장 일반적인 법제도 중 하나였다는 사실이다. 부유한 사람들은 거의 모두 수탁자이었다. 그리고 비록 통상적인 신탁이 몇 개의 큰 항목 속에 편성되었다고는 하지만 여전히 엄격하게 준수되어야 하는 모든 세부사항들은 장문(長文)의 문서로 작성되었다. 그리고 비통상적인 신탁의 설정에 대한 광범한 자유가 보통법상으로 인정되고 또 실제로 행사되었다. 결국 신탁을 분류한다는 것은 계약을 분류한다는 것과 유사(類似)할 정도이다.

---

42) [역자주] 혼인승계적 부동산권설정이란 혼인을 약속하고 어떤 권리를 부나 처, 또는 부부의 합유로 혼인 전에 혼인당사자 쌍방이나 일방, 또는 그 아버지나 친족이 설정하는 일종의 부부재산계약(夫婦財産契約)을 말한다. 부부 중의 누군가 일방이 사망한 경우에는 그 잔여권을 생존배우자의 생애 동안 가지게 한다. 그리고 그 후의 잔여권은 승계적으로 직계비속에게 주어졌다.

妻의 특별 유스(use) 확립

이와 같은 사실에는 항상 어두운 측면이 있기 마련인 것을 필자는 충분히 인식하고 있기 때문에 굳이 그러한 사실에 놀라지는 않는다. 그러나 필자가 사회적 실험(soziales Experimentieren)이라 부르는 것에 의해 상당히 광범위한 영역이 확보되었다는 점은 엄연한 사실이다. 하나의 사례를 들어보자. 1882년에 영국의 부부재산제(ehelichen Güterrechte)는 혁명적 변혁(變革)을 겪게 되었다. 그러나 이러한 변혁이 결코 어둠 속 어딘가에서 갑자기 나타난 것은 아니었다. 이러한 변혁에 앞서 장기간에 걸쳐 실험들이 지속되어 왔었다. 영국법은 이 문제에 있어 일찍부터 경직되어 있었다. 그리고 특히 동산(Fahrnis)에 관해서는 처(妻)에게 현저히 불리한 부분이 존재하였다. 당시에 부부재산공유제(夫婦財産共有制, Gütergemeinschaft)라는 것은 존재하지 않았다. 신부(新婦)의 동산은 부(夫)에게 속하게 되었다. 가령 처가 동산을 취득하더라도 그 동산의 취득은 부를 위한 것이었다. 현재 부부재산제와 같은 것은 한번 정형화(定型化)되기만 하면 쉽게 변형되지 않는다. 그러한 핵심적인 문제에 개입할 권한이 있는 입법자를 설득하는 일은 쉽지 않기 때문이다. 또한 법원의 관행을 통해서 점진적으로 큰 변화를 만들 수 있을 것이라는 생각도 쉽게 품기 어렵다. 부로부터 처에게 차츰차츰 소유권을 이전시킬 수도 없다.

그러나 여기서 신탁이 도움을 준다. 지금 엄격한 의미의 소유권에 대해서 이야기하려는 것은 아니다. 몇몇 수탁자는 당연히 소유자가 된다. 우리는 단지 수탁자의 의무에 대해서 이야기하려 할 뿐이다. 좀더 자세하게 말하자면, 수탁자가 확실하게 처의 수중에 기금을 통한 수익을 지급하고 그것과의 교환으로 그녀가 써준 영수증을 소지(所持)하고 있을 것을 수탁자에게 의무지우는 데에는 어떠한 장애도 없는 것일까? 그러나 이 문제의 실마리는 그 내부에 있고, 그것을 더욱 깊이 검토할 필요가 있다. 오랜 과정을 거쳤다지만 하나의 성공적 실험에는 다른 결실이 뒤따랐다. 마침내 '처의 특별 유스를 위한(zu ihrem besonderen Nutzgenusse)'이라는, 적절하다고 평가할 수 있는 네 개의 단어가 기혼(旣婚)여성에 대하여 '형평법상'으로 그녀가 재산(Vermögen)을 완전하게 소유하는 자임을 인정하는 시대가 열렸다. 그리고 지정된 다른 수탁자가 없는 경우에는 부가 수탁자로 되어야만 하였다. 그런 다음 이에 대한 시시비비(是是非非)를 불문하고 이 모든 실험은 만족할 만한 결과를 가져왔다는 결론에 이르렀다. 부부에 관한 영국법은 변화되었다.[43] 그 변화는 엄청난 것이었다. 그러나 실제적으로 그러한 변화는 부유한 사람들의 혼인에 오랫동안 적용되고 있던 규칙을 모든 일반 사람들의 혼인에 확장한 것에 불과했다.

영국의 單獨法人 개념

그렇지만 신탁이 우리에게 보장해 주었던 행동과 실험의 자

43) [역자주] 처(妻)재산법(Married Women's Property Act, 1882)이 제정되어 기혼여성은 보통법상 재산의 소유가 가능하게 되었다. 19세기 후반에 이르러 기혼여성의 고용 기회가 증대되어 보통법상의 기혼여성의 재산소유 무능력(無能力)이 불합리하다는 것을 깨닫고 그 부분을 1870년 이후 입법(立法)에 의해 개혁한 것이다.

유는 아주 일찍부터 현재까지 영국인에 의해 설립되어 왔던 모든 종류의 영조물(營造物, Anstalten) 및 재단(財團, Stiftungen)이 가진 자유 속에서 가장 잘 드러난다.

외국의 법률가들이 '독립영조물(selbständige Anstalt)'이라 부르는 것을 영국법이 일찍이 알고 있었는지 어떤지는, 만일 영국인들에게 법학적 사고(思考)의 재능이 있다고 하면 — 실제는 없기 때문이지만 — 사람들 사이에서 크게 논의될 문제이다. 지난 몇 세기 동안 영국은 영국의 법기술적 개념 중에서 '단독법인(corporation sole)'이라는 개념을 보유하고 있었다. 그 개념은 먼저 교구교회(教區教會)의 지도목사(rector ecclesiae parochialis)에게 적용하여 왔다. 하지만 종교개혁 이후에는 주교(主教) 또는 그 이외의 일정한 고위성직자에게도 단독법인이라는 개념을 적용하였다. 그리고 국왕이나 군주(君主)에게도 단독법인의 개념을 적용할 수 있도록 노력하였다. 물론 필자가 생각하기에 이 점은 영국인에게 매우 불이익이 되었다고 생각한다. 어쨌든 현대에서는 중앙정부의 몇몇 고위관직자, 예를 들어 체신부장관(遞信部長官, Generalpostmeister)과 같은 이들에게도 그 개념을 적용해야 한다고 법률(Gesetz)로 규율하고 있다. 개인적으로 이는 매우 불행한 개념이라고 생각한다. 즉 성공하지 못한 법인격 부여의 시도였던 것이다. 돌이켜 보면 단독법인은 자연인이거나 법률상으로 미성숙(未成熟)한 것으로 보인다. 다시 말해 영조물과 인간(Mensch)의 일종의 혼성물(混成物)이거나 그와 유사한 어떤 종류인 것으로 이해된다. 영국의 중세 법률가들은 지극히 현실주의자였다. 그들은 토지소유권을 한 개체의 사람 또는 인간의 단체에 귀속시켰다. 그러나 그 법률가들은 법인격이 부여된 교회(Ekklesia)나 법인격이 부여된 고위성직(Dignitas)과 같이 실체가 없는 곳에 토지소유권이 귀속되게 하지는 않았다. 오히려 그들은 교구교회의 지도목사가 사망한 경우에는 교회의 영지(glaeba ecclesiae)에 소유자가 없는 기간이 발생한다고 말한다. 소유권은 '구름 가운데(in nubibus)' 있다든가 또는 '법의 가슴 속에(in gremio legis)' 있다고 그들은 말한다. 결국 '소망하는 것(en abeance)'만이 다시 말해서 소위 '기대되는 것(in spe)'만이 존재하였다. 그리고 영국의 법률가들치고 이러한 부분이 오늘날 영국의 고전적인 정통의 이론이라는 점을 부인할 만한 자격을 갖춘 이는 없다고 필자는 생각한다. 실제적으로는 그 문제가 그렇게 중요한 것은 아니다. 과거 장기간 동안 영국법의 이 분야는 성장(成長)을 멈추어 버렸다. 그렇기 때문에 필자는 새로운 '단독법인'을 마주하는 운명이 되지 않았으면 하는 바람이 있다.44)

公益信託 개념과 目的變更의 용이

영국법은 '독립영조물(selbständige Anstalt)'의 관념을 발달시키기 위해 굳이 노력할 필요는 없었다. 왜냐하면 영국법에서는 '비독립영조물(unselbständige Anstalt)'의 관념이 오래 전부터 고도로 발전되어 왔고 또한 융성한 법제도를 가지고 있었기 때문이다. 독일 법학문헌에서 볼 수 있는 '영조물(Ansalt)' 및 '재단(Stiftung)'에 가장 근접하게 상응하는 영국법의 용어는 '공익신탁(Charity)'이라고 생각한다. 물론 영국법의 '공익신탁' 개념이 독일의 법률가들이 아는

44) *Law Quarterly Review*, XVI. 335 : XVII. 131.

'영조물' 및 '재단' 전체를 포괄하지는 못할 수도 있다. 그러나 그 개념은 지금에 와서는 엄청나게 광범위하게 걸쳐져 있고 또 이전부터 그래왔다. 예를 들어 최근에 영국 법원은 스포츠의 단순 장려는 '공익(公益, Charity)'이 아니라고 판결하였다. 매해 요트 경기를 개최하고 상(賞)을 수여하는 것은 '공익적 목적(Stiftungszweck; charitable purpose)'에 해당되지 않는다. 다른 한편 '과학연구용 동물의 해부 등에 의한 학대의 전면 금지에 관한' 것은 공익목적이다. 물론 위의 금지에 관한 사항이 비록 의회제정법(議會制定法)을 폐지할 것을 의미하거나, 이 문제에 대한 판단을 내려야 하는 판사가 이른바 '공익'으로 하는 것이 때로는 유익한 부분보다 유해(有害)한 부분이 더 많다는 점에서 완전히 설득당하였다고 하더라도 어쨌든 공익목적인 것이다. 영국의 판사들은 신중하게도 '공익'에 대한 어떤 정확한 개념 정의를 내리지 않았다. 그러나 우리는 어떤 합리적인 사람이 공중(公衆)이나 어느 정도 다수(多數) 내지 불특정의 개개인에 대해 직접적으로 이익을 가져다주는 것으로 볼 수 있는 '목적(Zweck)'을 '공익목적'이라고 말한다. 도덕심이나 종교에 반한 신탁설정에 대해서는 약간 예외였다. 그렇지만 판사들은 그들 자신이 숭고한 국교회(國敎會)의 지지자였기 때문에 카톨릭, 장로파, 유대교의 옹호에 관계된 신탁을 '공익'으로서 지지하지 않을 수가 없었다.

영국은 공익신탁의 시행을 위해 일찍이 아주 자연스러운 방법으로 결단을 내렸다. 개인을 위한 신탁은 '목적(Zweck)'을 위한 신탁에서 점차적으로 변화된 것이라고 할 수 있다. 위에서 말한 바와 같이 우리는 여기에서 진정한 소유권에 대해 말하고자 하는 것이 아니다. 소유권은 소유자를 추정한다. 그리고 소유권을 불특정다수인(不特定多數人)에게 귀속시킬 수는 없다. 또한 영국법의 이념에 따르면 소유권을 '목적'에 귀속시키는 것도 가능하지 않다. 영국에서는 엄청난 규모의 '목적재산(目的財産, Zweckvermögen)'이 존재하지만 소유자는 언제나 자연인 아니면 법인이다. 그렇지만 신탁에 있어서는 쉽게 변이를 가할 수 있다. 처음에 사람들은 자신의 자녀 교육을 위해서 특정한 방법으로 자녀의 교육을 위한 신탁을 설정할 것이다. 점차적으로 이것을 일정지역의 청소년의 교육을 위한 신탁으로 이행(履行)하는 것은 어려운 일이 아니다. 비록 이행의 과정에서 특정의 신탁수익자는 없어진다 하더라도 그의 뒤에 단지 '목적'만은 남게 된다.[45]

공익신탁과 永久拘束 禁止原則

어쨌든 1601년에는 이미 엄청난 규모의 목적재산이 영국에 존재하였다. 즉 매우 많은 수의 비독립재단(unselbständige Stiftungen)[46]이 설립되었다. 그 해의 유명한 법률이 영국 공익신탁법[47]의

---

45) 가장 초기의 사례에서 대법관부 법원은 이해관계인의 신청에 기하여 국가의 어떠한 대리인의 출석도 요구하지 않은 채, '공익신탁(公益信託)'으로 결정했던 것으로 보인다.

46) [역자주] 저자는 비독립영조물(非獨立營造物)이란 용어와 혼용해서 사용하고 있다고 생각된다.

47) [역자주] 영국에 있어서 공익신탁의 역사는 당연히 신탁의 역사와 함께하였는데 신탁은 영국 형평법의 결과물로 현재도 형평법 내용의 약 3분의 2를 차지하고 있다. 공익신탁은 중세에서부터 시작되었다고 보는데 중세에는 기독교가 널리 보급됨에 따라 신앙을 위하여 신자가 재산을 교회에 기증하는 형태로 성행하게 되었다. 특히 카톨릭 교회의 방침에 따라 교회 스스로

기초가 되었다. 그리고 비독립재단의 설립이 전적으로 장려되었다. 법인격에 관해서 해결되어야 할 문제는 전혀 없었기 때문에 오랜 기간 동안 법원은 공익신탁의 설정자에게 적극적으로 호의(好意)를 보였다. 특히 '공익' 목적이 있는 곳에는 '영구구속(immerwährenden Dauer; perpetuity)'에 관한 문제가 전혀 없는 것으로 결정하였다. 이러한 입장의 정확한 의미는 두세 가지의 표현으로는 설명되지 않는다. 그러나 추측하건데 영국인조차도 그들이 일반적인 사적(私的) 신탁을 설정하는 경우에는 장시간 동안 장래의 신탁수익자에게 이익을 부여하는 신탁설정 권한을 법이 제한하는 것을 이해했음을 알 수 있다. 그리고 이들 제한은 우리가 '영구구속 금지원칙(Norm zur Verhütung endloser Rechtszustände; rule against perpetuities)' 이라고 알고 있는 것으로 정형화되었다. 여기에서 '공익'이 존재하는 곳에 '영구구속'에 관한 문제는 전혀 존재하지 않는다는 말로

가 승원(僧院)이나 수도원의 조직에 의거하여 종교적인 사업뿐 아니라 널리 교육・의료・빈민구제 등의 공익사업을 담당하게 되었기 때문에 교회에의 기증은 장려되고, 특히 그것으로부터 일반적인 공익사업도 추진되었다. 일반적으로 공익신탁의 기원에 관한 명확한 사료는 존재하지 않으나 그 초기의 역사가 중세의 소위 종교단체와 밀접한 관계를 가지고 있었다는 사실은 의심할 수 없다.

16세기에 이르러 종교개혁에 의한 기독교의 분립(카톨릭과 개신교)이나 헨리 8세(Henry Ⅷ)와 로마교황과의 대립・항쟁으로 인하여 카톨릭의 힘은 후퇴하고, 많은 수도원이나 사회복지 시설이 해체되기에 이르렀다. 그리고 사회 전반적으로는 산업구조가 변화함으로써 농지를 잃은 농민이나 실직한 노동자 등의 빈곤계층의 형성과 인구의 도시집중으로 영국 공익신탁에서의 공익목적 중에서 빈곤구제가 가장 중요한 위치를 차지하게 되었다. 엘리자베스 여왕(Elizabeth Ⅰ)의 시대에 그 때까지 영국에서 존재하였던 공익신탁에 관한 각종 제정법의 규정을 통일화하여 공익유스法(Statute of Charitable Uses, 1601)이 제정되었다.

귀착된다.48)

공익신탁 지휘감독기관의 權限濫用

독자들은 영국인 법률가들에게 있어 공익신탁의 이익이 부여된 법인이나 신탁수익자인 법인을 창설하거나 발전시킬 필요가 분명히 있었을 것이라는 사실을 떠올리게 될 수도 있다. 그러나 영국에 있어 그 부분은 사실이 아니다. 대외적(對外的) 소송에서는 수탁자가 신탁의 이익을 완전히 대표한다는 점은 충분히 이해할 수 있을 것이다. 예를 들면 만일 수탁자에 의해 보유되고 있는 한 필의 토지에 이의신청이 있는 경우에는 수탁자가 대표자가 된다. 그 때 수탁자에 대하여 신탁을 준수하도록 강제하기 위한 소송을 제기할 필요가 있다면 법무장관(法務長官, Ober-Reichsanwalt; Attorney General)은 응해야 한다. 그리고 사람들은 오래 전부터 이러한 목적을 위해 개입하는 것이 '조국(祖國)의 아버지로서(ut parens patriae)' 국왕의 역할이라고 말해 왔음을 알고 있다. 그렇지만 사람들은 국가를 모든 공익신탁의 진정한 신탁수익자(cestui que trust)라고 하는 이론에 대해서는 상당히 주저한다. 카톨릭교도(Katholiken)와 웨슬리교도(Wesleyaners: 감리교) 및 유대교도(Juden)에게 만약 대성당과 사원 및 유대교회당이 어떤 의미에서 국가재산(Staatsvermögen)이라고 하였다면 분명히 놀랄 것이다. 영국 사람들은 법률이론 구성을

48) 영국인은 독일민법전(B.G.B.) 제2109조에 독일의 '영구구속 금지원칙'이 규정되어 있고, 생각건대 그것은 영국보다 상당히 엄격하다고 할 수 있다고 평가할 것이다.

잘하지 못한다. 그러나 독일 문헌에 의해 영국에 제공되어 왔다고 생각되는 여러 가지 개념 가운데에는 '목적재산'이라는 개념이 영국의 '공익'에 관한 사고의 방식에 가장 근접하게 맞아떨어진다고 생각한다.

이 공익신탁의 문제 속에 현저한 남용 문제가 발생한다는 사실을 그 누구도 부정하지 않는다. 사람들은 어떤 방법으로 실효성 있게 지휘감독하려면, 예를 들어 오직 검사(Staatsanwalt)의 개입으로 법규를 운용(運用)하는 것에서 그쳐서는 안 된다는 좋지 않은 경험을 하고 나서야 그보다 더 바람직한 지휘감독이 필요하다고 서서히 확신하게 되었다. 왜냐하면 검사는, 마치 수탁자가 그의 의무를 이행하지 않고 있는 것을 어떤 사람이 우연히 발견하고 대처하는 행동과 다를 바 없이, 단순하게 처리하였기 때문이다. 1853년 이후 이러한 지휘감독은 중앙관청인 공익위원회(公益委員會, Charity Commissioners)에 의해 이루어졌다. 그러나 위원회의 역할은 그야말로 통제(統制)라기보다는 오히려 지휘감독에 가까운 것이었다. 게다가 새로운 재단의 설립을 억제하는 일과는 전혀 거리가 멀었고, 영국은 더 나아가 1891년에 1736년 이후 유언으로 이루어지는 공익신탁에 의한 토지의 증여를 제한하던 법률을 폐지(廢止)하였다.[49]

수탁자로서의 법인 활용

비독립재단(非獨立財團)의 경우에 독일의 법원칙은 수탁자

---

49) 몇몇 사례에서 토지가 매각되었지만, '공익신탁'은 그 대가를 받을 수 있었다.

(Treuhänder) 또는 신탁수임자(Fiduziar) — 이것은 여러 가지 모습에서 영국법의 수탁자(trustee)와 흡사하다 — 가 존재한다고 보고 있다. 필자는 레겔스베르거 박사(Dr. Regelsberger)[50]가 『판덱텐(Pandekten)』에서 기술한 부분을 인용(引用)함으로써 이에 대한 중요한 논점을 밝혀낼 수 있다고 생각한다.

> "게다가 수탁자의 채권자가 가진 청구권이 목적재산으로부터 발생한 것이 아닌 경우 당해 목적재산은 그들의 압류로부터 벗어난다는 견해는 그 자체로 합당한 이유가 있다. 나아가 수탁자가 파산한 경우 또는 재산몰수명령이 있었던 경우에 목적재산은 특별한 지위를 지닌 것으로 취급될 수 있다는 견해에도 이유가 있다. 왜냐하면 목적재산의 수령자(수탁자)는 진정한 권리보유자(權利保有者)이지만 그들은 오로지 제3자의 이익을 위해 목적재산을 보유하고 있는 것이기 때문이다."[51]

현재 영국에서 위의 견해가 타당하지 않다 하더라도 오히려 이 견해는 기본적이면서도 분명한 귀결(歸結)일 수 있다. 수탁자의 채권자는 신탁재산에 관여할 어떠한 권한도 가지고 있지 않다. 영국의 비독립영조물은 영국인 중에서도 가장 부유하고 최고 권력을 가진 계급의 이익을 위해서 세워졌던 보호장벽의 배후(背後)에 엄연히 존재하고 있다. 비독립영조물은 공작이나 대부호(大富豪)와 같은 사람들에게도 안전하고 확실한 것이다. 그렇지만 그 보호장벽

---

50) [역자주] 레겔스베르거(Perdinand Regelsberger: 1831-1910)는 독일의 판덱텐 법학자 중의 한 사람으로 취리히대학, 괴팅겐대학 등에서 교수를 역임하였다.

주요 저서에는, *Baerisches Hypothekenrecht*, 1874-1877; *Pandekten*, 1893 등이 있다.

51) *Pandekten*, S. 342.

은 보완이 필요하다. 레겔스베르거 박사가 주장하는 바에 의하면,

> "종속적(從屬的; 또는 비독립적)으로 재단을 설립하는 경우에 목적 재산이 부여되는 법주체(法主體)는 통상적으로 법인(juristische Person)이다. 왜냐하면 오로지 법인만이 재단설립을 위한 영속적인 기반을 제공해 주기 때문이다."[52)]

영국에서는 그 견해의 진위(眞僞)를 밝혀내지 못하였다. 분명히 법인은 영속성(永續性) 때문에 편리하고 안전한 수탁자이다. 그러나 그것은 편의상의 문제이다. 만일 높은 가치를 지닌 재산이라고 하면 게르만의 합유제(合有制, Gesamthandschaft)나 생존수탁자, 경우에 따라서 수인의 신탁수익자 또는 그 외의 사람들 — 예를 들면 그 당시 존재했던 주교관구의 카톨릭 사교 — 에게 부여했던 새로운 수탁자의 지명권을 수단으로 해서 그 대가로 엄청난 규모의 영속성을 어느 정도 획득할 수 있었다. 예를 들면 영국의 토지소유권을 가지고 있으면서 중앙아메리카로 수렵여행을 하며 유랑하고 있는 단독수탁자와 같은 극단적인 예에서는 법원의 명령 즉 '재산귀속명령(財産歸屬命令, Verfügung des Gerichtshofes)'으로 그러한 소유권을 박탈하여 그 사람보다 용이하게 수탁자가 될 수 있는 사람에게 그것을 이전하는 방법을 통해 처리하였다. 영국법은 이러한 문제를 해결하기 위해 엄청난 고충을 감내해야 했다. 필자는 영국법의 모든 제도나 법적 장치가 훌륭하다고 말하려는 것은 아니다. 영국 법리(法理)의 우아함을 스스로 자랑스러워하는 것도 역시 아니다. 하지만 영국법은 궂은 날씨로부터 지붕을 어떻

52) *Pandekten*, S. 341.

게 지킬 것인가만큼은 알고 있다.

종교의 자유와 공익신탁의 상관관계

이쯤에서 영국 공익활동(公益活動)의 많은 개혁자들은 공익신탁이 '법인'이 아니라 '자연인(自然人)'에게 위탁되는 것을 의식적으로 꺼려하고 있었음을 주목할 필요가 있다. 오랜 경험을 통해 소송이 이루어지면 개개의 사람들은 법인의 명의를 사용하는 쪽보다도 자기 자신의 이름을 걸고 행위하는 쪽이 보다 양심적이긴 하다고 말한다. 하지만 이 유력한 견해의 결과로 언젠가는 죽기 마련인 운명을 가진 인간이 종속재단의 거점지(據點地)가 된 경우에 피할 수 없이 이루어지는 소유권의 이전을 단순화하고 저렴화하기 위한 온갖 수단의 방지책이 의회에 의해 고안되었다. 이론가들에게 있어 이 일환으로 나오게 된 방책 몇 가지는 충격을 안겨주었다. 어떤 예배당(禮拜堂)과 관련된 사례에서, 집회 즉 비(非)국교회들의 법인화되어 있지 않은 회합(會合)에서 이루어진 단순 표결을 통해서 소유권을 보유하고 있는 집단으로부터 그것을 빼앗아 다른 집단으로 이전하였음을 볼 수 있다.[53] 이상과 같은 현상은 비록 단순하게 사법의 원칙을 통해서는 전혀 설명할 수 없겠지만 그렇다 하더라도 그다지 문제되지는 않는다.

이상과 같은 점은 신탁이 주목할 만한 역할을 수행했던 부분이다. 영국인에게 '종교의 자유(religiöser Freiheit)'가 의미하는 것은

53) Trustees Appointment Acts, 1850, 69, 90.

모두 신탁의 설정과 밀접하게 결부되어 있다. 잠시 동안이나마 종교의 관용(寬容)이 인정되는 시대가 도래하였을 때, 어느 정도 신교의 자유를 허용받은 종파(宗派)에서 필요로 하는 것을 전부 신속하게 제공할 수 있는 신탁이 존재하고 있었다. 그들 종파가 국가에게 요구해야만 했던 부분은 그들이 교의(教義)를 공연하고 설교하는 것이 위법하지 않다는 점이 전부였다.

위에서 언급한 부분을 비교·확인해보기 위해서 힌쉬우스 박사(Dr. Hinschius)의 말을 약간 인용해 본다.[54]

> "초기의 국교회(Staatskirchentum)는 모든 상황이 변화된 결과 다른 종교단체를 관용하기 시작했지만, 그렇다 하더라도 이들 종교단체가 순수한 사적 사단(私的 社團, private Vereine)의 지위를 가지는 것으로 인정하지는 않았다. 왜냐하면 국교회는 종교를 국가문제로 보고 있었기 때문이다. 이러한 이유에서 오히려 국교회는 이들 단체(團體, Genossenschaft)를 일정한 범위에서 공법상(公法上)의 권리를 가진 법인으로 다루고 있었기 때문에, 다른 한편으로 이들 단체가 광범위한 국가적 통제를 받고 국가의 일부로서 간섭을 받고 있었다는 견해도 있다."

신탁의 옹호 속의 교회조직과 私的 社團

한편, 힌쉬우스 박사는 위와 같이 설명하면서도 독일에서 이루어질 수 없었던 일이 영국에서는 쉽고 명백하게 이루어질 수 있었다는 사실을 지적하였다. 만약 1688년에 종교의 관용을 전혀 인정

---

54) Marquardsen, *Handbuch des öffentlichen Rechtes*, Band. 1, S. 367.

하지 않고 있던 것과 비국교도(非國教徒)의 법인 — 아무리 '공법상의 권리를 가진 법인'이라고 할지라도 — 을 설립하는 것과의 사이에 선택의 여지가 있었더라면, 지배적 지위를 누리던 국교회(das herrschende Staatskirchentum)로서는 비국교도에게 이후 오랫동안 관용을 인정하지 않았을 것이란 점에 대해서는 전혀 의심의 여지가 없을 정도였다.[55] 그도 그럴 것이 다른 나라와 마찬가지로 영국에서 법인격의 부여는 특권(特權)과 우대(優待)를 의미했기 때문이다.

다른 한편으로 비국교도 중에는 그들의 종교적 사안에 대해서 국가의 통제에 따를 경우 오히려 관용이 높아질 것이라고 생각했던 사람들도 다수 있었다. 하지만 그들이 정말로 원하였던 것은 혹시 국가가 최소한의 부분만이라도 행하여 줄 것을 설득할 수 있다면, 즉 몇몇 종교적 박해법(迫害法)을 폐지하고 "당신이 교구 교회에 따르지 않았다는 이유로 벌을 받지 않을 것이고 또 당신이 속한 교회에 따랐다는 이유로 벌을 받지도 않을 것이다"라는 것에 대해 국가를 설득할 수 있다고 한다면, 그것이 바라는 전부였다. 왜냐하면 그 외의 나머지 부분은 신탁이 알아서 행하였기 때문이다. 그래서 국가와 국교회는 이단(異端)이나 교회 분열에 적극적으로 관여하고 있다는 어떤 비난도 받지 않을 수 있었다. 신탁은 머지않아 나머지 부분들을 행하였다. 비국교도 예배당에 관한 가장 초기의 신탁날인증서 몇 곳에서 종교관용법(die Toleranzakte; the Toleration Act)이 폐지된 경우에 건물을 어떻게 처리해야 하는지 기술하고 있었다. 법원은 약간 숙고한 후 이에 대한 신탁을 실시하게 했고, 나아가 그것이 '공익신탁'이라고 판시하였다.

55) [역자주] 1689년 종교관용법이 제정되어 비국교도에게도 종교의 자유를 어느 정도 인정해 줄 수 있는 계기를 마련하였다.

그래서 현재 영국에는 유대교 교회의 예배당, 카톨릭의 성당과 셀 수 없이 많은 종파의 교회와 예배당이 존재한다. 이들은 모두 자연인에 의해 소유되고 있다. 즉 그것들은 수탁자에 의해 소유되고 있다.

여기에서 '법에 의하여 국교화된' 교회를 제외하고 — 그래서 미국이나 영국의 식민지에서는 이러한 제외의 필요성이 없다 — 영국이 모든 교회를 취급하고 있는 방법에 대해, 다른 나라에서 관찰하고 있는 사람들 중에는 그것을 기이하게 보는 사람도 있을 수 있음은 충분히 이해가 간다. 그들은 로마 교회와 같은 역사적 조직이 '사적(私的) 사단 및 구기 단체와 법적으로 동등하다'는 것을 알고서 놀랄 것이다.[56] 그러나 그들이 불평과 경고를 결론으로 삼아 영국을 웃음거리로 취급했을 때에도, 영국은 이 역사적인 조직을 적절하게 우대(優待)조치 하지 않았던 것이 아니라 오히려 어떻게 보면 그것을 지나치게 우대해 왔다고 할 수 있다.

營造物, 단체에서의 신탁의 역할

필자는 영조물 또는 재단으로서 영국의 '공익신탁(Wohltätigkeits-trust)'에 대해서 이야기하였다. 그러나 사람들이 임의로 공익신탁을 창설하기가 매우 자유로운 나라에서 예상될 수 있는 영조물적인 요소와 단체적인 요소라는 것은 모든 인식 가능한 방식 안에 뒤섞여 있었다. 그리고 이것은 처음부터 그래 왔었다. 영국 법원

56) Hinschius, *op. cit.*, S. 222-224.

은 공익신탁을 하나씩 다루면서도 엄밀하게 분류할 것을 전혀 강요하지 않았다. 영조물(Anstalt)인지 단체(Genossenschaft)인지의 선택은 이른바 신탁이 직면해야만 했던 딜레마라고 할 수 있다. 필자는 비록 영조물적 요소(anstaltliche Element)라 불리는 것도 공익이라는 영국법의 관념 가운데 잠재적으로 포함되어 있다고 생각한다. 이것은 특히 그리스도 교회 조직의 영역에서 현저(顯著)한 듯하다. 예배의 장소로 사용되는 건물의 땅으로 1필(筆)의 토지가 존재하는 경우를 상정해보자. 이 경우에 수탁자의 배후에 서 있는 자는 누구인가? 또는 무엇이 존재하는 것인가? 영조물이라 할 수 있는가 아니면 사단이라 할 수 있는가?

일반적인 해답은 주어지지 않았을 것이다. 여기서 우리는 '신탁날인증서'를 살펴보아야 한다. 수탁자가 카톨릭의 사교나 웨슬리 교도들의 중앙평의회(中央評議會, Zentralorgan)에 의해 제어되고 있는 기재들과 실제적인 면에서 거의 다르지 않음을 발견할 수 있다. 반대로 수탁자 자신이 광범위한 자유재량권(自由裁量權)을 가지는 경우도 찾아볼 수 있다. 어떤 상당한 목적이 존재해야 하는 것이지 그렇지 않으면 그 신탁은 공익목적인 것이 아니다. 그러나 위의 사례에서 이 요건은 그 건물이 예배를 위해 사용되고 있다는 사실로써 충족된다. 그렇지만 만약 누군가 여기에서 누가 설교를 하는지, 그가 무엇을 설교하는지 또 누가 그를 임명하는지, 누가 해임하는지 등의 문제를 제기한다면, 그 다음에는 중앙집권화한 절대영주제로부터 지방분권화한 민주제나 독립한 집회의 자치에 이르기까지 생각할 수 있는 거의 모든 유형의 문제와 직면하게 된다. 카톨릭의 분파들은 물론이고 영국의 프로테스탄트(protestantischen) 비국교회 모든 파(派)는 신학상(神學上)의 교의보다는 오히려 교회의 통치면에서 서로 다르다는 사실이 더 잘 알려져 있다. 그러나 그들은 모두 교회조직에 관한 그들의 다양한 이상(理想)을 신탁의 옹호(擁護) 아래에서 만족시켰다는 사실을 관찰할 수 있다.[57]

---

57) 이 논문을 작성한 이후, 귀족원(House of Lords)의 최고법원 판결에서 자유 교회(自由敎會)에 관한 영국법을 모두 검토한 결과 치명적인 결점을 확연하게 규명하였는데, 이에 대하여 여전히 스코틀랜드에서는 불만족스럽다고 평가한 바 있다. 논의의 대상이 된 것은 엄청난 규모의 재산이었는데, 일반적 표현에 따르면 '스코틀랜드 자유교회'의 소유라고 하고 있다. 그런데 이에 대한 재판에 따르면, 만약 이 조직 즉 '스코틀랜드 자유교회'가 예전에 의결했던 '사단결성(社團結成)'을 그대로 고수한 채 다른 자유교회 이른바 '연합 장로교회'와 통합할 경우, '스코틀랜드 자유교회'는 이 대규모 재산에 대한 이익의 향유와 관리 등에 관한 자신의 지위를 상실하게 된다고 했던 것이다.

만약 이 재산을 그 말 자체의 엄격한 의미대로 사단의 전면적인 소유 객체라고 보았다고 할지라도, 여전히 법원이 위에서 지적한 통합 결정에서 제안하였던 변경에 대해 그 사단은 권한을 가지지 못한다고 재판할 수 있으리라는 사실은 분명하다. 그런데도 필자가 우려하는 점은, 자유교회의 법인격을 분명하게 주장할 수 없었다는 사실로 비추어 보아 사수(死手) 즉 죽은 사람의 비중이 오히려 증가한 것은 아닌가 하는 것이다. 이렇게 하여 사단의 권한이 어디까지 미치는가 하는 문제 대신, 오히려 이 토지재산이 신탁에 의해 양도되었을 그 당시 정해 놓은 목적의 본질이 무엇이었는가라는 문제가 등장하게 되었다.

VI 信託의 發展과 法人格 附與

웨슬리교(Wesleyan)의 憲章과 信託捺印證書

지금까지 앞에서 언급한 사실들은 영국에 있어서의 '법인격 없는 단체(uninkorporierten Körperschaften)'로 우리를 이끈다. 필자는 해당 부분에서 최초의 예로 웨슬리교파(Wesleyaner)에 대해서 언급하고자 한다.58) 그들은 상당히 정교하고 고도로 중앙집권화한 교회헌장(教會憲章, Verfassung)을 가지고 있는데 그 헌장의 기초적 개요는 1784년에 존 웨슬리(John Wesley)가 날인한 증서(Urkunde) 가운데서 찾아볼 수 있다. 그는 그 날인증서에 기해 신탁을 선언하였고, 그 신탁선언(信託宣言)에 기초하여 영국의 여러 지역에 그에게 양도된 토지와 건물을 보유하고 있었다. 오늘날 우리는 도심의 많은 곳에서 그리고 마을의 모든 곳에서 웨슬리교파의 예배당을

---

58) 웨슬리교도들은 18세기에 영국에서 형성된 자유 신교에 속하는 교파로서 매우 큰 교세를 누렸다고 한다.

볼 수 있다. 일반적으로 모든 예배당에는 개별의 수탁자가 있지만, 신탁날인증서는 전부 하나의 형식을 따르고 있다. 그것은 1832년에 한 저명한 법률가에 의해 고안된 것 — 필자의 경우 그 복사본은 40페이지가 넘는 규모의 것이다 — 인데, 이들 날인증서는 로마교회가 자랑스럽게 여길 만한 가치가 있는 것으로 중앙집권화된 교회 통치의 형식을 정하고 있다. 하지만 그 중앙기관은 로마교황(Papst; pope)이 아닌 평의회(評議會, Kollegium)이었다.

신탁이론과 실제적 문제들과의 괴리

그러나 한편, 이미 이야기한 바와 같이 여기에서 '공익신탁'이 존재하는 사례들에 대해 더 이상 자세히 설명할 필요는 없다. 왜냐하면 그러한 사례들에는 인격을 가진 신탁수익자에 대한 절실한 요구가 전혀 없기 때문이다. 만약 우리가 바라는 바가 있다면, 통상의 사익신탁(私益信託)에서 자연인에 의해 충족될 만한 지위를 점하게 하는 공익목적을 생각할 수 있다. 그러나 '공익활동'의 영역, 그 광범위한 영역을 등한시하고 내버려둔다면 — 그러므로 우선적으로 논하여야 할 — 결국에는 인격에 대한 문제가 발생될 수밖에 없다. 그곳에는 무엇보다도 '공중의 이익(wohltätig im öffentlichen Interesse)'이 존재함으로써 보호되어야 할 목적이라는 것은 전혀 없다. 이 경우 '조국의 아버지'로 대표되는 검사(Staatsanwalt)는 개입하지 않는다. 그렇다면 자연인이 되었든 법인이 되었든 신탁수익자가 존재해야 할 어느 정도의 필요성은 있지 않을까? 단체에 법인격(法人格)이 부여되어 있지 않더라도 단체에 대해 신탁을 설정할 수 있을까? 또는 그러한 단체들이 일정 자연인의 단순한 집합적 명의(名義)로밖에 볼 수 없는 경우이더라도 단체에 대한 신탁을 설정할 수 있는 것일까? 필자가 생각하기에 우리가 할 수 있는 대답은 이러한 문제들이 이론적으로는 불가능하지만 실제적으로는 가능하다는 것이다.

신탁이 제공하는 보호덮개(장벽)

여기에서 이론과 실제 사이에 이러한 괴리가 어떻게 일어나는지 물을 경우, 자연스럽게 우리는 신탁의 주된 업적을 머릿속에 그려보게 된다. 왜냐하면 신탁은 부적절한 공격에 대항하거나 개인주의적(個人主義的) 이론의 공격으로부터 보호받을 목적으로 법인격 없는 단체를 설립해왔기 때문이다.

영조물 또는 단체라는 것이 실재(實在)하고 있거나 성장(成長)해가고 있다면, 우리가 법을 통해서 영조물 또는 단체를 외부의 적들로부터 효율적으로 지켜내야 한다는 데에 전적으로 동의한다. 다른 한편으로 영조물 또는 단체가 실재하고 성장해갈 수 있음은 경험을 통해서도 알 수 있다고 생각한다. 비록 법률가들이 내세우고 있는 이론들이 그 내부의 상황이 부적절하다는 주장에 불과하다고 할지라도 말이다. 일단 이 양자의 진실(眞實)에 대해 자세히 살펴보자.

영국의 영조물이든 단체이든 또는 그것이 어떤 모습으로 존재하든 비뚤어진 세상 속에서 살아남아야만 한다. 도둑, 거지, 그 외의 악인(惡人)으로 가득 찬 세상 속에서 말이다. 그리고 삐뚤어진 세상으로부터 떨어져 나온 경우에는 저항해야만 한다는, 이유 없는 그와 같은 요청들이 있다. 이웃사람에 의해 이루어진 요청이나 국가에 의해 제기된 요청이 바로 그것이다. 민감한 존재인 이러한 영조물 등은 단단한 외부덮개(äußere Schale)를 지녀야만 한다. 지금 영국의 신탁은 그 내부에 존재하는 것이 무엇이든 간에 외부덮개를 제공한다. 만일 절도를 한다면 도둑은 A, B라는 사람 및 C, D라는 사람의 재물 절도죄로 고발된다. 그렇지만 이 경우에 어느 누구도 신탁에 대해서는 한 마디도 언급하지 않는다. 만약 경계(境界)를 둘러싼 분쟁이 있다면 A, B라는 사람 및 C, D라는 사람은 소(訴)를 제기하거나 항변을 할 것이다. 여기에서 기억해야할 것은 신탁이 모습을 제대로 갖추려하던 시기 동안에도 법정에서는 신탁에 대해서는 전혀 언급하지 않은 채 이러한 모든 대외적 소송을 진행하였다는 사실이다. 말하자면 그 법정에서 판사는 수탁자에 의해 존재하는 보호장벽을 보고 있을 뿐 그 보호장벽 저편 너머에 있는 것은 전혀 보지 못하였다. 그렇기 때문에 외부의 적(敵)과 충돌하는 경우에도 인격에 대한 문제는 전혀 발생하지 않았다. 이러한 결과를 이끌어내기 위해 상당히 많은 정도의 정교함을 허비하여 왔다.

그러나 만일 앞서 말한 단단한 외부덮개가 존재한다면 이와 같은 경우에 더 이상 법률이론을 간절하게 요구할 필요가 없다. 법학(法學)이 그 덮개의 내부에 존재하는 것이 무엇인지 정확하게 결정해주기를 요청받기까지는 수 년, 수십 년, 심지어 수 세기의 세월이 소요될지도 모른다. 그리고 만일 덮개 내부에 존재하는 것이 어떤 단체라고 한다면 그 단체는 공공(公共)법원에 그 근간이 되는 법을 설명해 주기를 강력히 요구하기 전에 몇 번이고 스스로의 모습을 천천히 그리고 소리 없이 바꿀 것이다. 이 경우 분쟁이 일어나겠지만 정작 분쟁 당사자들은 경찰관을 부르는 것을 상당히 꺼려한다. 종교단체의 경우에는 이러한 소극성이 그 정점에 이르리라 짐작된다.

영국의 法人格 없는 團體 이론의 부재

영국인들은 소송을 좋아하는 민족이고 신앙심(信仰心)이 깊은 사람들이므로 언제나 분쟁이 끊이질 않는다. 그러나 그들은 여전히 갈리오(Gallio)의 법정[59]을 찾는 일에는 매우 소극적이다. 누구나 잘 알고 있듯이 영국의 '판례집(Law Reports)'은 에드워드 1세(Edward Ⅰ)시대에서부터 시작되어 방대한 양으로 이루어져 있다. 그 속에는 영국 생활의 거의 전반적인 면이 반영(反映)되어 있다. 그러나 막상 국교회 이외의 교회와 종파의 조직에 관한 부분을 발견하고자 하는 염원을 가지고 판례집을 뒤져 볼 경우에는 곳곳에 흩어져 있는 불과 몇 개의 단서만을 발견할 수 있을 뿐이다. 그나마 그

59) [역자주] 루키우스 유니우스 갈리오(Lucius Junius Gallio)는 고대 로마제국의 스페인 코르도바에서 기원 1세기 무렵에 수사학자인 세네카의 아들로 태어났다고 전해진다. 후일 아카이아(Achaea) 속주(屬州)의 총독이 되었다. 그리고 스토아 학파의 철학자인 세네카(Lucius Annaeus Seneca)의 형(兄)이었다. 사도행전(使徒行傳 18:12-17)에 의하면, 유대인들이 바울(Paulus)이 사람들을 하느님을 숭배하는 일에서 다른 신앙으로 인도한다고 고소하였다. 이에 갈리오는 그 점이 로마법에 위배되지 않는다고 기각하면서, 유대인의 종교문제는 유대인들 스스로 해결해야 한다고 단언하였다. 그 후 유대인들이 예배당의 주임 관리인을 폭행하기에 이르렀는데, 갈리오는 이 일에도 관여하려 하지 않았다.

속의 내용이 종교단체에 관한 진실과 일치하는 것이라면 영국의 클럽(Klubs)과 같은 다른 많은 사단(Vereine)에도 거의 맞아 떨어진다. 예링(Jhering)[60]이 찬양한 '싸움을 좋아하는 영국인(kampflustige Engländer)'이라는 말의 의미는, 영국인으로 말하자면, 그가 만일 위원회 및 총회의 결정에 반대할 경우 법정에 상소(上訴)하기 전에 한 번이 아닌 두 번, 세 번 생각하는 모습을 말한다. 필자는 '상소(Berufung)'라는 말, 이 말이 바로 그가 사용하고자 했던 말이라고 확신한다. 왜냐하면 영국인들 사이에서는 단체에 내재한 '재판권(裁判權, Jurisdiktion)'이란 관념을 상당히 강하게 느끼고 있기 때문이다. 특히 정식(正式) 법인이 존재하지 않는 곳에서는 그 재판권이란 관념이 엄청나게 강하다고 확신한다. 그러므로 외부덮개(장벽)의 보완이 잘 이루어져 하나의 축으로서 유지되고 있는 경우, 어쩌면 영국법의 정론(Rechtsdogmatik)은 장벽 바깥쪽에 존속하고 있는 것들에 관한 이론을 아예 가지고 있지 않거나, 있다 하더라도 전반적으로 시대가 요구하는 적응에 부적합한 것으로써 시대에 뒤떨어진 이론인지도 모른다. 그리고 영국인의 입장에서 이상의 문제들은 오히려 바라는 바일 수도 있다. 이런 말을 하기가 부끄럽게 여겨지지만 영

---

60) [역자주] 예링(Rudolf von Jhering: 1818-1892)은 1818년 독일의 아우리히에서 변호사의 아들로 태어났다. 하이델베르크, 괴팅겐, 뮌헨, 베를린대학 등에서 공부한 후 베를린대학에서 학위를 받고 그 곳에서 학문의 길로 들어섰다. 그는 초기에 로마법을 연구하며 사비니를 추종하였으나, 후에 *Der Kampf ums Recht*, 1872와 *Der Zweck im Recht*, 1877-1883 등에서 개념법학(概念法學)을 맹렬히 비판하였다. 역사법학의 완성자로 일컬어지며, 동시에 법의 목적을 이익의 실현에 두고 그 수단을 모든 이익 간의 투쟁에서 구한 점에서 근대법학의 기초를 구축한 법학자 가운데 한 사람이다.

그 외에 그의 역저로는 *Geist des römischen Rechts*, 1852와 *Entwicklungs-geschichte des römischen Rechts*, 1814 등이 있다.

국은 법이론의 경직화(硬直化) 작용을 두려워한다.

영국 法曹學院

이제부터 수탁자의 보호장벽 뒤에서 존재해왔던 '법인격 없는 단체'의 전형적인 몇몇 예들을 살펴보자.

배데커(Bädeker) 여행안내서를 가지고 영국 '법조학원(Inns of Court)'[61]의 한 군데, 예를 들면 링컨 학원(Lincoln's Inn)을 방문하는 외국인 여행자가 있다고 상상해보자.[62] 그는 법조학원의 예배당, 도서관, 식당을 둘러본 후 야간에는 닫혀 있는 외부 출입문을 보게 된다. 그 모습들은 그 여행자가 옥스퍼드(Oxford)와 케임브리지(Cambridge)에서 본 것과 마찬가지로 그런 대학들과 많은 점에서 흡사하다. 그 여행자는 다시 자세히 알아본 후, 그 광경들이 1422년 이전부터 형성되었던 — 실제 그보다도 얼마나 더 이전부터인지는 영국 사람들도 알 수 없지만 — 고대 구성물(構成物)이라는 사실을 전해 듣게 된다. 또한 그는 이들 법조학원이 법학교육 방

61) [역자주] 영국 런던에 있는 법조인(法曹人)의 자치조직. 법률가를 양성(養成)하는 데에도 중심적 역할을 담당하였다. 중세에는 10여 개의 법조학원이 있었지만, 얼마 전까지 Lincoln's Inn, Middle Temple, Inner Temple, Gary's Inn 4군데만 남아 있다. 여러 법조학원은 서로 독립적으로 존재함과 동시에 대등(對等)한 지위를 가지고 있었다. 법률가 자격의 부여나 징계도 각 학원이 행하였다. 각 법조학원은 법인격 없는 사단이었다. 각 법조학원에서 법률가의 칭호(稱號)를 얻은 자는 판사 및 대학교수 등이 되었으며, 당장 변호사 실무에 종사하지 않더라도 신분은 법조학원에 소속되었다.

62) 라틴어 문장에서 영어의 inn에 상당하는 말은 hospitium이다.

법에 대한 일들을 수행하고 있다는 사실과 이러한 목적을 위해서 4개의 법조학원 연합기관 즉 법학교육평의회(法學教育評議會, Council of legal Education)가 설치되어 왔다는 사실도 알게 된다. 뿐만 아니라 4개의 법조학원 어디에도 속하지 않는 자나 그곳에서 '법정변호사(法廷辯護士, barrister-at-law)'의 자격을 부여받지 못한 자는 최고법원(最高法院)의 어떤 분야에서도 변호사로서 실무에 참여하지 못한다는 사실도 알게 된다. 게다가 다른 한편으로는 법조학원이 이 자격부여(資格附與)의 조건을 상당히 자유롭게 정할 수 있다는 점도 알게 될 것이다. 또 그 여행자는, 비록 그러한 일은 드물게 행해졌지만, 법조학원이 불명예스러운 행위를 하거나 직업상 규율에 반하는 행위를 한 구성원을 제명(ausschließen; 또는 자격박탈)할 수 있는 권한을 가지며, 구성원이 생계를 유지할 수 있도록 법정으로부터 그를 감싸주기도 하는 한편 그를 파멸로 이르게 하고 명예를 잃게 하는 권한도 가지고 있었다는 사실도 알게 될 것이다. 그리고 이러한 경우에 당해 구성원은 고급법원(高級法院, High Court) 판사에 대해서 소를 제기할 수도 있었음을 알 수 있다. 그러나 그 구성원은 공공법원으로서의 판사에 대해서 제소하는 것이 아니라 '감독기관(監督機關, Aufsichtsorgane)'인, 말하자면 다른 측면에서 볼 때 법조학원 내부적인 법정의 제2심(審)을 구성하는 자라 할 수 있는 판사에게 제소하는 것이었다.

영국의 法人格 없는 私的 社團

이쯤에서 그 여행자는 틀림없이 영국에는 공법상 영조물과 특허법인(特許法人, privilegierte Korporation) 중간에 매우 기묘한 혼성물(混成物) — 우리는 영국내의 그러한 혼성물이 존재함을 분명히 예상해야 한다 — 이 존재한다고 말하게 된다. 물론 영국의 친구는 전혀 그렇지 않다고 답할 것이다. 즉 영국에는 법인격조차 가지지 못한 사적 사단(Privatverein)이 존재한다고 할 것이다. 그 사적 사단은 — 적어도 영국 이론상으로는 존재하였으므로 — 분명히 자체적으로 해산(解散)할 수도 있고 또한 사적 사단의 구성원들은 수탁자가 그들을 위해 보유한 재산을 분할할 수도 있다. 그리고 실제로 최근까지 어떤 부분에 있어선 사적 사단과 서로 성격이 유사한 법조학원인, 이른바 '상급(上級) 법정변호사(Serjeants at Law)'의 구(舊)법조학원이 존재하였다. 그리고 상급 법정변호사제도가 더 이상 존재할 수 없게 되자 상급 법정변호사의 법조학원 구성원들은 그 사단을 해산하여 그들의 재산을 분할하였다. 많은 사람들은 그 오래된 단체의 해산을 유감스러운 일이라 생각하였다. 그러나 신문지상에서는 그 단체의 해산에 대해서 대수롭지 않게 다루었다. 그래서 우리는 그 법적 권리에 대해서 전혀 의심하지 못했다고 말하였다.

이러한 법조학원의 사례가 어떤 의미에서 이례적인 것이라는 점에 대해서는 굳이 말하지 않아도 알 것이다. 현재로서는 어떠한 사적 사단도 법조학원이 행사하였던 권한을 가질 수는 없다. 그리고 우리가 그들 권한이 언제 어떻게 해서 취득된 것인지 정확히는 알 수 없다고 말하더라도 전혀 무리가 없다. 왜냐하면 법률가들의 이러한 단체 설립은 매우 암울하고도 초라했었기 때문이다. 그러나 우리가 법조학원 사례를 뒤로하기 전에 기억해야 할 점은 영국의 판사들은 법인에 관한 교회법상의 많은 지식, 예를 들면 의

제이론(擬制理論, Fiktionstheorie), 특허이론(特許理論, Conzessionstheorie) 등을 계수하고 되풀이하여 언급해왔지만, 그들은 한 사람의 예외도 없이 모두 이들 단체(Körperschaften)의 구성원이었다는 것이다. 나아가 그들은 법인격의 결여가 엄청난 불행이었음을 전혀 알지 못했다는 사실도 기억해야 한다. 영국의 법률가들은 부유하고 영향력 있는 사람들이었다. 혹시라도 그들이 바라는 것이 있었다면 법인격을 더 쉽게 취득하는 것이었을지도 모른다. 하지만 그들은 그것을 바라지 않았다.

에드워드 로이드(Edward Lloyd)의 커피점[63]

그렇다면 이제부터는 근대(近代)의 사례들을 예로 들어 이야기해 보자. 오늘날 독일과 오스트리아의 선박들은 커피점 주인 에드워드 로이드(Edward Lloyd)의 이름을 세계 곳곳에 전하고 있다. 17세기 말경 그는 런던 시내에 커피점을 경영하였다. 그의 커피점에는 이른바 보험업자(保險業者)들이나 해상보험업자들이 빈번하게

63) [역자주] 현재 로이즈(Lloyd's)는 단순한 커피점의 이름으로서가 아니라, 영국 런던에 위치한 보험시장을 의미하며, 세계 보험시장에서 차지하는 비중이 매우 크다. 에드워드 로이드 사망 후 새로운 로이즈 커피점이 생겼고, 그 주도적인 역할을 한 보험업자들과 보험중개인들이 모여 새로운 건물을 인수하기 위한 조합을 만들었는데, 그것이 로이즈 협회(Lloyd's Society)의 시작이다. 이후 성행하여 1774년 당시 로이즈 위원회(Lloyd's Committee)의 의장이던 존 앙겔슈타인(J. J. Angerstein)은 모인 기금을 기반으로 로이즈 커피점을 런던에 있는 영국 왕립거래소(The Royal Exchange) 내로 옮겼다. 왕립거래소에 위치하면서부터 로이즈는 더 이상 커피를 팔지 않았다.

드나들었다. 1720년경부터 지금까지 이 사람들은 순전히 아주 독립적인 방식으로 거래를 해야 했다. 국가에 금전을 대부(貸付)해오던 두 개의 특허법인의 보호를 위해서 보험업자 간에는 심지어 단순 조합(Gesellschaft)의 설립조차 금지되었다. 모든 보험업자들은 단독(單獨), 아니 오로지 단독으로만 활동해야 했다. 그렇기 때문에 사람들은 이러한 개별주의적(個別主義的) 개체들이 긴밀하게 조직화된 단체를 형성하기 위해 결합하는 모습을 볼 수 있기를 기대조차 하지 않았다. 그리고 이러한 현상은 중세가 아니라 18세기에 지나칠 정도로 많이 나타났다. 그러나 이 보험업자들에게는 공통의 이익(利益)이 있었다. 즉 정보를 입수하는 이익이나 사기를 폭로하는 이익, 부당한 요구에 저항하는 이익 등과 같은 공통의 이익이 있었다. 여기에 기부금이 모였는데 이것으로 소액의 '신탁기금(Trustfond)'을 마련하였다. 그리고 커피점의 배타적 이용권(排他的利用權)도 획득하였다. 그 사단은 계속해서 성장해 갔다. 나폴레옹 시대(Zeitalter Napoleons)의 전쟁기간 동안 로이즈 커피점의 '보험업무위원회(Komitee zur Regelung der Angelegenheiten)'는 강력한 권한을 가지게 되었다. 그러나 그 조직은 신탁날인증서가 작성되어 1100건 이상의 서명을 받았던 1811년까지는 여전히 그다지 탄탄하지는 못했다. 당장 여기서 로이즈 보험협회가 영국을 위해 일했던 면들을 모두 일일이 이야기할 필요는 없다. 그 경위(經緯)에 대해서는 독일에 더 잘 알려져 있다. 왜냐하면 그 장본인인 존 앙겔슈타인(J. J. Angerstein)은 러시아 출신이지만 독일 혈통이었기 때문이다. 그러다가 1871년까지 로이즈 보험협회는, 영국에서 표현하는 바에 따라, 법적 인격의 어떠한 흔적도 없는 법인격 없는 사단이었다. 그리고 1871년에 법인격이 부여되었는데, 그러한 변화의 주된 이유는 다름이 아니라 1799년 이후 조이데르 해(Zuyder-See)의 해저에 묻혀 있던 어마어마한 양의 보물 인양(引揚)사건[64] 때문이라고 생각한다. 그렇지만 그 보물의 귀속, 즉 그 보물이 누구에게 귀속되었는가에 대해서는 그 사건에 대한 기록이 우연적인 화재에 의해 멸실되었기 때문에 그 누구도 정확히 알 수 없다. 이처럼 사단의 역사에 있어 '법인격 부여(Inkorporation)'는 단지 하나의 사건에 불과한 데에서 이루어졌다. 그것은 자연인이 성년(成年)이 되는 것과는 비교조차 할 수 없다. 사단에 대한 법인격 부여는 오히려 자연인(自然人)이 타자기를 구입하거나 속기(速記)를 배우는 일과 마찬가지였다.[65]

런던 증권거래소

차라리 로이즈 커피점보다 더 교훈적인 사례는 런던 증권거래소(der Londoner Geldbörse)의 연혁에서 나타난다.[66] 마찬가지로

---

64) [역자주] 조이데르 해(Zuyder-See)는 네덜란드 북쪽 해안의 만으로 지금은 둑으로 바다와 차단되어 있다. 1799년 10월 9일에서 10일에 걸쳐 조난되었던 루틴(Lutine)호(號)를 둘러싼 사건으로, 이 루틴호에 실려 있던 금, 은, 동전 등을 인양하기 위한 시도가 수 차례에 걸쳐 이루어져 오던 차에 로이즈(Lloyd's)가 인양을 시도하여 총금액 4만 4123파운드의 보물을 인양하였다. 그러나 추정에 의하면 보물의 총금액은 117만 5000파운드에 달하였는데, 두 번째 인양으로는 9만 9893파운드가 회수(回收)되는 데 그쳤다. 미(未)회수분 약100만 파운드의 손실을 어떻게 부담할 것인지, 또 인양의 비용은 어떻게 부담할 것인지 등의 문제가 로이즈 단체구성원에게 큰 문제가 되었다.

65) F. Martin, *History of Lloyd's*, 1876.

66) C. Duguid, *Story of the Stock Exchange*, 1901.

이 경우에도 시작은 변변치 못했음을 알 수 있다. 18세기 증권거래업자들은 커피점, 특히 카페 조나단(Café Jonathan)을 자주 드나들었다. 곧 그들은 클럽(Klub)을 형성하기 시작했다. 그들은 자신들의 단체 구성원으로 선정(選定)되지 못한 사람들을 배제시키기 위해 그 커피점 소유자에게 연간 사용료(jährliche Summe)를 지불하였다. 1773년에 그들은 보다 넓은 장소로 이전(移轉)하였다. 그 장소를 이용하는 사람은 하루에 6펜스를 지불해야 했다. 1802년에는 고액의 부지를 사들여 고가의 건물을 건축하였고, 정교한 조직체가 '설립건축증서(設立建築證書, Deed of Settlement)'에 명시되었다. 곧 2만 프랑의 자본이 400주(株)로 분할되었다. 수탁자들의 배후에는 그 자금을 출자한 '소유자(Eigentümern)' 집단이 존재하였다. 그리고 소유자의 배후에는 더욱 거대한 '회원들(Mitgliedern)'로 이루어진 집단이 존재하였으며, 회원의 기부금은 수익금으로 형성되어 소유자 간에 분배되었다. 그 후 건물들을 증설하였고 또한 계속해서 더욱 고가의 비용을 들인 건물을 세웠다. 1876년에 새로운 설립건축증서가 작성되었고, 1882년에는 커다란 변화가 이루어졌다. 즉 24만 프랑의 자본금이 2만 주로 분할되었다.

한편 우리는 더 이상의 세부적인 내용까지 살펴볼 필요는 없다. 단지 이러한 조직이 고도로 발전된 형태에 속한다는 사실을 아는 것만으로 충분하다. 예를 들어, 우선 사법(私法)의 당연한 작용에 의해 소유자의 주식이 증권거래소에서 행해지는 업무의 종류가 무엇인가에는 전혀 관심이 없는 사람들의 손에 들어가게 됨으로써 조직의 단체적 성격이 파괴되는 경우를 생각할 수 있다. 그렇지만 그러한 위험은 피할 수 있었다. 애초부터 기부자(寄附者)는 아래와 같은 부분에 합의하는 데에 있어 어떠한 간섭도 할 수 없었다. 즉 주식은 증권거래소의 구성원에게만 매각할 수 있다는 점, 상속에 의해 주식이 다른 사람의 수중(手中)으로 매도되는 경우 그 주식은 12개월 이내에 매각되어야 한다는 점 등이 그 내용인데, 이러한 규제를 하더라도 주식의 가치가 감소하지 않았다. 1877년에 한 왕실위원회(königliche Kommission; Royal Commission)가 증권거래소를 조사하기 위해 임명되었다. 그 위원회는 증거자료를 보고받고 보고서를 작성하여 다음과 같이 권고(勸告)하였다. 즉 그 위원회 소속회원의 다수는 증권거래소가 국왕의 특허나 의회제정법에 의해 법인격이 부여되어야 한다는 것이었다.

그렇다면 그로 인해 증권거래소가 법인화(法人化)되었는가? 그렇지는 않았다. 영국에서는 법인격 부여를 원하지 않는 사람들을 법인화할 수는 없었다. 무엇보다도 증권거래소의 구성원들은 법인격 부여를 원하지 않았다. 중앙관청의 하나인 무역통상기관의 인가(認可)를 구하기 위해 '법인 내부규칙 즉 정관(Statuten; bye-laws)'에 의한 중재 의뢰가 필수적인 것인지에 대해서는 다소 논의가 있었다. 이것은 바로 악마의 본성(Cloven hoof)이 드러나는 부분이다. Ex pede diabolum![67][68]

여기에서 만일 영국인이 '순전히 법기술적인 요소(rein technische Momente)'라 일컫는 부분을 감안하지 않는다면, 법인으로서는 가능하지만 권리능력 없는 사단인 증권거래소로서는 가능하지 않은 어떤 부분을 발견해 내기란 쉽지 않다고 생각한다. 권리능력 없는

---

67) London Stock Exchange Commission, *Parliamentary Papers* (1878), Vol. XIX.

68) [역자주] 'Ex pede diabolum' 또는 'Ex pede Herculem'은, 표현 그대로의 의미로는 '발만 보고도 악마 또는 헤라클레스인 줄 안다'는 것이다. 실제로는 부분으로 전체를 추측할 수 있다는 의미이다.

사단에 대해서는 충분히 규율하고 있다. 왕실위원들 중의 대표자는 '입법조치(legislativen)'에 대해서 주저하지 않고 언급하였다. 그러고 나서 그 대표자는 증권거래소가 어떤 방법으로 재판을 하였으며 또 법률에서 정하고 있는 것보다 높은 도덕적 기준을 어떤 식으로 제시했는지를 언급하였다. 그리고 그것은 아주 엄격한 재판이었다. 제명할 경우 불명예와 파멸을 초래하기 때문에 그나마 가벼운 벌칙을 부과하였다. 요즘으로 말하자면 위원회는 "1년간 또는 2년간, 5년간 등의 자격정지(資格停止)의 형을 선고한다"라고 판시하였다.

법인격 없는 단체의 準司法的 權限

단체가 구성원에 대해 행사하는 '준사법적(quasi－judizielle)' 권한은 — quasi 라는 말은 영국의 법률가들이 정말 즐겨 사용하는 몇 안 되는 라틴어 중의 하나이다 — 당해 단체가 영국 법원에 의해 취급되었을 때의 형식보다도 더 사법적(司法的)인 것이었다. 영국의 클럽들 중의 하나로부터 퇴출당한, 보다 자세하게 표현하자면, 자신의 이름이 회원명부에서 삭제된 자는 때때로 공공법원에 소를 제기하기도 했다. 그럴 때면 당해 법원은 클럽에서 성문화하고 있거나 인쇄하여 첨부된 '규칙(規則, Regeln)'으로 정하고 있는 절차의 엄격한 준수를 강조하게 된다. 그리고 또한 '자연적 정의(natürliche Gerechtigkeit)'에 대해서도 언급하게 된다. 그러한 것들은 모든 피고들에게 충분하고도 공정한 재판을 보증받을 수 있도록 하는 형식의 준수를 의미한다. 특히 법으로 정해놓은 고소(告

訴)는 법으로 정한 방법으로 행해야 하고, 피고는 고소당한 부분에 대해서 변명할 충분한 기회를 부여받아야 한다. 인쇄하여 첨부된 규칙에서 무엇을 정하고 있건 '자연적 정의'에 따라 모든 사람에게 부여되어야 하는 보호범위를 벗어나 자기의 권리들을 주장하려는 사람을 찾기란 쉽지 않다. 이론적으로는 규칙을 성문화(成文化)하든 불문화(不文化)하든 단지 계약의 조항에 지나지 않는다. 그러나 여전히 위와 같이 자신의 권리가 보호되는 것 자체를 꺼려하는 사람들은, 보호해 줄 의무가 있는 자들에 의해 그들이 원하는 정의가 거부되어 왔기 때문에 불복을 신청하는 것이라고 생각하는 경우가 실제로 종종 나타났다. 사단지배(社團支配, Vereinsherrschaft)에 대한 염려가 영국에서는 전혀 나타나지 않았다.

쟈키 클럽(Jockey Klub)의 재판권

필자는 많은 영국 사람들이 보는 시각에서 영국에서 가장 중요하고 엄중한 법정은 귀족원(貴族院, House of Lords)이 아니라 오히려 쟈키 클럽(Jockey Klub)[69]일 것이라고 확신한다. 그리고 이 경우 '재판권(Jurisdiktion)'은 — 그들은 이런 용어를 사용할 것이다 — 사단인 클럽에 의해 그 외부에 있는 자에게 행사되었다. 물론 필자가 이 클럽의 역사를 이야기해 나가는 데 어떤 큰 이유가 있

---

69) [역자주] 영국 경마(競馬)의 최고권위 기관. 1750년 경마 친목단체로서 뉴마켓(Newmarket)에 설립하였지만, 차후 권위단체가 되어 현재 영국의 경마 전체를 통제하는 기관이 되었다. 경마에 관계된 일체의 업무, 경주마, 기수, 조련사 등의 등록·허가 등을 담당한다.

어야 할 필요는 없을 것이다. 그렇지만 이 클럽 역사의 시작은 몇 명의 신사가 클럽을 결성하여 그들을 위한 수탁자들에게 양도한 경마장(競馬場)인, 유명한 뉴마켓 헤스(Newmarket Heath)[70]를 매수하면서 부터이다. 그 이후에 그들은 클럽에 가입을 허가받을 수 있는 자와 허가받을 수 없는 자를 결정하게 되었다. 그러나 이 신성한 헤스(Heath)로부터 제명당한 사람들 — '영국식 표현으로는 뉴마켓 헤스에 가입 금지(von Newmarket Heath verbannt)'이다 — 은 '역사적 조직'인 로마교회에 대한 파문(Exkommunikation)에 많이 연루되었으리라 짐작된다.

經驗科學의 결과물, 신탁

이쯤에서 필자가 18세기까지의 실례를 선택했던 이유를 알 수 있을 것이다. 필자가 잘못 이해한 것이 아니라면, 이 시대는 법인이론이 다른 나라 사람들에게 있어 힘들게 자리잡고 있던 때이다. 그리고 마찬가지로 영국에서도 법인이론이 존재하고 있기는 했지만 상당히 진부(陳腐)한 전통적(orthodoxen) 구조를 띠고 있었

70) [역자주] 원문에는 'Heide von Newmarket'이라 되어 있다. 일반적으로 영국에서는 'Newmarket Heath'가 쟈키 클럽의 어떤 상징적인 의미로 명사화 되어 있기도 하다. 이곳은 제임스 1세(James Ⅰ) 시대부터 경마로 알려진 도시로, 1634년 찰스 1세(Charles Ⅰ)에 의하여 처음으로 우승배 경주가 창설되었다. 1750년 쟈키 클럽의 본부가 설치되었다. 영국의 잉글랜드 서퍽카운티(Suffolk County) 포레스트 헤스 행정구(Forest Heath District)에 속한 도시. 케임브리지 북동쪽, 런던 북쪽에서 노위치(Norwich)에 이르는 간선도로변에 위치하고 있는 최고의 경마 중심지이다.

다. 그렇다 하더라도 그러한 점이 단체의 정신을 깨뜨리지는 못했다. 신탁의 배후에는 상당히 많은 단체들이 존재할 수 있었으나 그 시작은 상당히 보잘것 없었음이 틀림없다. 비록 이 모든 것들이 영국의 법학을 무질서하게 만드는 경향을 나타내고 있었지만, 한편으로 경험과학(經驗科學)의 특성이 이러한 사실 속에서 생겨났다. 필자는 그것을 결코 잃지 않기를 바랄 뿐이다.

신탁, 共有와 契約的 모습

하지만 분명히 말할 수 있는 것은 영국에서도 사적 사단(私的社團)의 조직구성에 관한 법이론(法理論)이 어느 정도는 존재했어야 했다는 점이다. 즉 예를 들어 일반적인 클럽들이나 폴 몰(Pall Mall) 가(街)에서 보이는 고급스러운 클럽하우스들에 관한 법이론을 어느 정도는 갖추고 있어야 한다. 물론 영국은 그러한 법이론을 가지고 있기는 하지만 그것은 순전히 개별적인 이론이다. 이러한 사실은 필연적(必然的)으로 그렇게 존재할 수밖에 없다. 왜냐하면 이와 같은 사적 사단의 경우에는 '공익활동'이라는 목적이 없으므로 여기에서의 신탁은 개인을 위한 신탁이어야만 했기 때문이다. 그리고 불특정인(不特定人, unbestimmte Personen)을 위해 신탁하려는 어떠한 시도가 있더라도 그것은 곧바로 가족세습재산(家族世襲財産, Familien－Fideikommiß)을 적절한 범위 내에서 지키려는 '영구구속 금지원칙'에 저촉된다. 그러므로 모든 법률가들에게 널리 알려진 조치들 외에는 사실상 강구할 수 있는 수단이 전혀 없다. 수탁자의 보호장벽 배후에는 공유(Miteigentum)와 계약(Vertrag)이 존재한다. 사람들은 '형평법상' 클럽의 원래의 구성원이 유일한 신탁수익자라고 말한다. 클럽의 원구성원들은 합유제에 의한 공동소유자(Miteigentümer mit Gesamthandschaft)였다. 그러나 동시에 그들은 일정한 규칙을 준수(遵守)해야 할 계약도 체결하였다.

필자는 위와 같은 사례들에서 살펴본 성과가 만족할 만하다고는 생각하지 않는다. 클럽의 회원이 토지, 물건, 가구, 서적 기타 등에 대하여 가지는 '형평법상의 소유권(Eigentum nach Billig-keitsrecht)'은 상당히 이상한 성질이 있다. 그 일반적인 모습을 살펴보면,

(1) 실제적으로 형평법상의 소유권은 양도가 불가능하다.
(2) 실제적으로 클럽 회원의 채권자는 그 소유권에 강제집행(强制執行)하는 것이 불가능하다.
(3) 실제적으로 회원이 지급불능(支給不能)인 경우에도 채권자는 어떠한 조치도 취할 수 없다.[71]
(4) 회원이 연회비(年會費)를 지불하지 않는 경우에 소유권은 소멸한다.
(5) 규칙에 따라 회원이 제명된 경우 소유권은 소멸한다.
(6) 만일 지분(持分)이라고 표현한다면, 회원의 지분은 신규회원이 선출될 경우에는 언제라도 감소한다.
(7) 회원은 지분의 분할청구(分割請求)를 할 수 없다.

---

71) 고려해야 할 점은 해산된 클럽 재산의 균등한 분배부분에 있어 장래 예상되는 권리가 클럽회원의 채권자에게 가치평가(價値評價)의 대상이 되는 경우이다. 그러나 이러한 사례는 드문 것이어서 필자는 그에 대한 어떠한 문헌도 찾아볼 수 없었다. 몇 개의 클럽에서는 규칙에 의해 지급불능인 클럽회원의 권리를 실효시키는 것이 가능하였다.

(8) 이 모든 사항을 설명하기 위해서는 회원 중 누구도 자신이 체결한 것이라 생각할 수 없는 다수의 묵시적(默示的) 계약을 가정(假定)해야 한다. 왜냐하면 신규회원의 선출시 신(新)회원과 구(舊)회원 양자 모두의 사이에서 신규계약이 이루어진 모습과 다를 바 없기 때문이다. 그러나 우리도 잘 알고 있다시피 모든 법정의 판사는 적어도 하나 이상의 클럽에 회원으로 속해 있기 때문에, 비록 백 개의 묵시적 계약이 발견된다고 할지라도 거의 예외 없이 적당한 수준에서 결론짓는 인용(認容) 판결을 내릴 수밖에 없다. 우리는 이러한 모든 맥락에서, 아무리 철학자나 법학자들이 국가가 계약에 기반을 두고 있다는 데 이의 없이 동의한다고 해도 국가는 조각조각 해체되지는 않았다는 사실을 상기해볼 수 있다.

법인격 없는 단체에의 法人課稅

시간이 흘러감에 따라 이러한 이론을 배척하려는 듯한 몇 가지 징후가 나타났다. 국가는 법인에게 과세(課稅)를 함으로써 클럽에 대해서도 세금을 부과하기 시작하였다.[72] 어떤 사람이 다른 사람의 사망에 의해 일정한 재산을 취득하게 되었다고 생각해보자. 그 경우 아주 일반적인 원칙으로서 그가 국가에게 무엇인가를 지불해야만 한다는 것이 정립되어 있다 하더라도 클럽 재산에 대해

72) Customs and Inland Revenue Act, 1885, Sect. 11.

서는 이러한 성질의 과세가 면제되어야 한다는 것은 누가 보아도 너무나 당연한 이치이다. 클럽 회원이 사망한 경우에 그 회원 한 사람 한 사람 모두에게 과세대상이 되는 부(富)의 증가가 발생한다는 사실은 정말 터무니없고 또 있을 수도 없다. 그렇기 때문에 '법인격 없는 단체'의 재산을 마치 그것이 법인에게 귀속하는 것처럼 간주하여 과세하였다. 이런 현상은 한층 더 심해져갔다.

공유(Miteigentum)와 계약(Vertrag)에 의한 기이한 작용은 법인의 자격이 쉬운 조건으로 인정되지 않던 시대의 독일 법률가들에게는 매우 친숙하였으리라 생각한다. 그러나 필자가 주목한 점은, 신탁에 의해 제공된 단단한 외부덮개 때문에 영국 학설의 부적절성(不適切性)으로 인해 빛줄기를 비추었던 일은 드물었다는 사실이다. 법원은 언제나 클럽을 위법(違法)하다고 할른지도 모른다. 그러나 학회의 논문 중에서 클럽재산에 관해 언급하고 있는 것을 전혀 찾아볼 수 없다. 그리고 여전히 런던에 있는 그들의 클럽하우스의 설립지나 제반시설의 가치는 엄청난 것이며, 영국의 거의 모든 법률가가 그들 중의 하나에 개인적으로 이해관계를 가지고 소속되어 있다.

영국의 클럽과 독일법상의 組合

영국의 법인격 없는 사단(uninkorporierten Verein)과 독일 신민법전의 권리능력 없는 사단(nicht rechtsfähigen Verein)을 비교하는 일은 매우 건설적(建設的)인 작업임이 틀림없다. 그러나 아마도 비교 작업의 책임을 맡은 누군가가 우선적으로 맞닥뜨리게 될 차이점은 다음과 같을 것이다. 즉, 독일의 경우에는 인식할 수 있는 거의 모든 문제가 과학적이고도 쟁점화된 논의로 우선되어 왔음에 반해, 영국에서는 이러한 검토가 상당히 적었다는 점이다. 영국에는 드물게 흩어져 있는 몇 개의 판결이 있을 뿐이다. 그나마 그 판례들도 주의 깊게 연구한 것이 아니라는 점은 각각의 판결이 무한히 많은 사단 유형(類型)들 중에서 단지 하나의 유형에 대해 조금만 다루고 있다는 점에서 드러난다. 확실하게 말할 수 있는 것은 예를 들어 기르케 박사(Dr. Gierke)[73]가 제기하였던 문제의 절반 정도에 대해서라도 해답을 줄 수 있는 어떠한 연구의 시도(試圖)도 이루어지지 않았다는 사실이다. 그리고 여전히 영국에는 매우 많은 수의 권리능력 없는 사단(Verein ohne Rechtsfähigkeit)이 존재하고 있으며, 매우 오래 된 것으로 확립되었고, 그 중 적지 않은 숫자의 사단이 대규모 자산을 보유하고 있다는 사실을 떠올려 보면 된다.[74]

핵심적인 문제 중의 하나가 — 그리고 이 점에서 영국법은 독일 신민법전과 다르다 — 확실히 영국의 법인격 없는 사단이 독일

73) [역자주] 오토 폰 기르케(Otto von Gierke: 1841-1921)는 독일의 법학자로서, 1860년에 학위와 교수자격을 얻어 독일법, 법제사, 독일사법, 공법을 강의하였다. 1871년에 브레스라우대학에서 교수로 지내다가 1882년부터 2년간은 동(同)대학 총장을 역임했다. 그 후 하이델베르크, 베를린대학에서 교수로 활동하였으며, 1902년부터 2년간은 베를린대학 총장을 역임하였다. 1909년 하버드대학으로부터 명예박사학위를 수여받았다. 단체법을 연구하였으며, 단체인격 실재론(團體人格 實在論)을 주장하였다.
주요 저서로는, *Das deutsche Genossenschaftsrecht*, Bde. Ⅳ, 1868, 1873, 1881, 1913; *Deutsches Privatrecht*, Bde. Ⅲ, 1895, 1905, 1915 등이 있다.

74) 어떠한 점에서 클럽에 영향을 미쳤는지에 대한 영국의 법원이 내린 모든 판결은 아래의 소책자에서 찾아볼 수 있다고 생각된다: J. Wertheimer, *Law relating to Clubs*, Ed. Ⅲ, by A. W. Chaster, 1903.

신민법상의 조합(Gesellschaft)과 유사해진 것은 아니었다는 사실이다. 어쨌든 이러한 사단이 일반적 형태의 '클럽'으로 되는 경우는 없었다.[75] 덧붙여 말하자면 조합(Gesellschaft)에 걸맞은 영어 단어는 'partnership'이고 사단(Verein)에 적합한 영어 단어는 'society'라는 것이 현재의 결론임을 알 수 있다. 한편으로 클럽의 초창기에는 클럽을 조합으로 다루고자 하였다. 조합은 오래 전부터 확립된 조직이었으므로, 오래 된 표제(標題) 아래 새로운 창조물을 도입하기 위한 노력이 이루어졌다. 그러나 그러한 노력은 분명 포기되었고, 현재 영국에서 클럽은 조합이 아닐 뿐 아니라 일반원칙에 따라 이리저리 논의하는 것도 불가능하다. 1890년 이후 영국은 조합을 제정법으로 규정하고 있다. 즉, "조합은 영리(營利)를 위해 공동으로 업무를 집행하는 자들 사이에 존속하는 관계이다"라고 규정하고 있다.[76] 물론 클럽은 이러한 정의에 해당하지 않는다.

클럽과 組合의 區別實益

클럽이 조합과 동일시될 수 없다는 이 원칙의 주된 실익은 다음과 같다. 즉 영국 클럽의 위원회가 당해 클럽의 업무로 명시된 활동범위 내에서 회원들을 대표하여 계약을 체결할 일반적 권한을

75) 법인격 없는 주식회사(Aktiengesellschaft)에 있어서는 사정이 다르다. 그러나 이것은 이미 지나간 일이다. 이미 오래 전에 설립된 몇몇 단체가 법인격 없는 상태로 역시 존속하고 있다. 예를 들면 런던증권거래소.

76) Partnership Act, 1890, Sect. 1. 이들 용어의 의미에 대해서는, F. Pollock, *Digest of the Law of Partnerships*, Ed. Ⅶ (1900).

갖고 있지 않다는 데에 그 실익이 있다. 진정한 법인책임을 규정하는 것은 불가능하였고, 다음에서 설명하는 바와 같이, 영국의 법원은 누군가가 유한책임(有限責任)을 확립하고자 하는 어떠한 시도를 하더라도 자신의 태도를 분명하게 확립하고 있었다. 즉, 회원들이 사전에 그들의 기부금을 지불하고, 위원회가 모든 현재의 지출에 충당하기 위한 현금을 소유하는 경우에는 클럽으로 간주하였다. 이론상으로는 그것만으로 불충분하다.

클럽에서 사용될 목적으로 와인 또는 서적, 그 외의 상품을 공급하는 상인(商人)이 계약의 상대방이 누구인지 확정짓기가 상당히 곤란한 경우의 사건들이 아주 빈번하게 발생하였으리라 짐작된다. 영국에서는 법인격 없는 사단을 대표하여 행위한다고 칭하는 자가 언제나 인적 책임(人的 責任)을 져야 한다는 원칙은 존재하지 않는다 — 그리고 이 부분 또한 영국이 독일 민법전과 다른 견해를 취하는 부분이다 — 는 규정이 있다.[77] 그러므로 그 상인은 실제로는 그가 당해 클럽을 인(人, Person)이라고 생각하였더라도 종종 그는 어떤 사람에게도 신용(信用)을 제공하지 못했음을 인정할 것을 강요받았으리라 추측된다. 이와 관련하여 필자가 들 수 있는 사건으로, 즉 분쟁의 발생에 대해서 전혀 알려지지 않은 것은 아니지만[78] 드물게 발생한 사건으로, 그 사실관계는 다음과 같다. 분명히 클럽의 회원들이 그 사건을 마치 법인책임의 사례인 것으로 다루었던 사실, 그리고 그 런던 상인은 정말 흔쾌히 클럽에 대량의 상품을 공급하고 있었던 사실, 또 클럽에 임시지출(臨時支出)이 필요하게 된 경우, 예를 들면 새 울타리를 건물에 증축하려는 경우에

77) 독일민법전(B.G.B.) 제54조.

78) Wertheimer. *op. cit.*, S. 73 참조.

는 종종 많은 액수의 금전을 항상 저율의 이자로 빌릴 수가 있었다는 사실이 그것이다. 우리는 '인적 책임 없는 양도저당(Hypothek ohne persönliche Verpflichtung)'에 대해서 알고 있고 이러한 경우에 그것은 유용하게 적용된다. 엄밀히 말하자면 이 사례에서 채무자는 존재하지 않는다. 그러나 채권자는 변제를 받을 수 있는 여러 가지 수단을 가지고 있다. 그 방법들 중에서도 특히 채권자는 당해 토지를 매각할 수 있었다.

법인격 없는 사단의 불법행위능력

불법행위능력(不法行爲能力, Deliktsfähigkeit)은 흥미로운 문제이고 나아가 어쩌면 현시점에서 이에 대한 논의는 출발점에 해당된다. 영국의 법률가들은 아마 얼마 전까지만 해도 법인책임에 유사한 어떠한 개념이 이 분야에 확립될 수 있었다는 사실을 부인(否認)해 왔을 것이다. 불법행위자의 책임 이상의 어떠한 책임이 존재한다면, 대리인(代理人, Bevollmächtigten)의 행위에 대한 본인(本人)의 책임 또는 피고용인(被雇傭人, Angestellten)의 행위에 대한 고용주(雇用主, Lohnherrn Master)의 책임이 아닐까 한다. 그리고 적어도 어떠한 책임이 존재한다고 전제했을 경우 그 책임은 무한책임(無限責任)일 것이다. 그러나 이 점은 현재로서는 상당히 의문스럽다. 영국의 귀족원(House of Lords)은 최근 노동조합에는 불법행위능력이 있다고 판결하였다. 달리 말하자면 이 법인격 없는 사단의 조직화된 행위로 입힌 손해는 당해 사단의 수탁자가 보유한 재산으로부터 배상되어야 한다고 판결하였다. 지금의 노동조합(Gewerkverein; Trade

Union)은 법인격 없는 사단 중에서도 약간 예외적인 성질의 것이다. 노동조합은 특별법상의 주체이고, 이 법에서는 우리가 법인격 부여와 관련하여 생각하는 법적 자격을 모두 부여하고 있지는 않지만 어느 정도는 노동조합에게 부여하고 있다. 세상을 크게 떠들썩하게 했던 위 판결이 이와 같은 예외적 요소에 기인했었는지 아닌지 그리고 폭넓은 이유에 기초한 것이었는지 아닌지 여부는 전혀 확실하지 않다. 노동조합원들은 이러한 문제나 그 외의 다른 문제들에 대해 불만을 가지게 되었다. 물론 그들이 논의한 결과가 무엇인지는 알 수 없다. 미리 확실하게 언급해두어야 할 한 가지 사실은 영국에서는 사회정책적(sozialpolitische)인 고려가 법률학적(rechtswissenschaftliche)인 고려에 우선한다는 점이다. 노동조합 이외의 좀더 광범위한 문제에 대해서 일단 논의의 발단이 이루어진 지금, 기르케 박사(Dr. Gierke)의 논문에서는 이러한 문제상황을 다음에서 발췌한 몇 마디로 잘 묘사하고 있다고 생각한다.

> "아마도 권리능력 없는 사단은 위법한 손해발생에 대한 책임에 관한 그 효과를 법인법(法人法)의 범주 아래에 두는 관습법(慣習法)과 연관되어 있을 것이다."[79]

기르케 박사의 이러한 언급은, 영국 클럽 회원들의 본질적인 성향에 비추어 생각할 때, 클럽의 경우를 법인책임의 경우와 마찬가지로 취급했던 것으로 보인다. 필자가 종종 충격적이라고 느끼고 있었던 사실은 분명히 법률적으로는 인격이 전혀 없다고 평가되는

---

79) Gierke, *Vereine ohne Rechtsfähigkeit*. 2. Aufl., S. 20.

경우에도 실제에 있어서는 대부분 인격이 존재한다는 점이다. 어떤 사람은 그의 클럽을 진정으로 명예스러워하고 존경할 만큼 살아있는 존재로 생각하면서도 유한(주식)회사(Gesellschaft mit beschränkter Haftung; joint-stock company)는 단지 그가 출자를 해서 배당금을 받을 수 있도록 해주는 기계의 일종일 뿐이라고 생각한다.

지금까지 법인의 불법행위능력에 있어서 영국 법인은 한 사람이 타인에게 할 수 있는 거의 모든 형태의 위법행위에 대해 배상금을 지불해야 하는 것으로 취급되어 왔다고 해도 무리가 없다. 그러므로 최근에는 법인격 있는 회사가 '악의의 나아가 합리적이고 개연성(蓋然性) 있다고 할 만한 이유가 없는' 행위를 한 것에 대해서도 어떤 자가 형사소송을 제기한다면 배상금을 지불하여야 했다. 영국법의 이론적 기반에서 볼 때, 우리는 어떤 사건이 고용주(또는 의제인 : persona ficta)가 고용인의 행위에 대해서 배상책임(賠償責任)을 지는 경우이거나 본인이 대리인의 행위에 대해서 배상책임을 지는 사건인 경우에는 당해 사건을 의제이론과 조화시킨다. 고용주 책임에 관한 영국의 법원칙은 매우 광범위하기 때문에 이 정도 설명으로도 그다지 충분하지 못하다고 할 수는 없다. 이상의 설명에서 우리가 법인격 없는 사단의 예로부터 원하는 결론에 도달하지 못했다고 단언(斷言)할 수는 없다.

법인격 없는 사단 재산의 법적 성질

클럽 재산에 관한 영국의 실제적인 원칙은 기르케 박사가 다음과 같은 문장에서 서술하고 있는 부분과 정확히 일치한다. 비록 — 이미 언급했던 이유와 같이 — 우리는 기르케 박사가 조합에 대해 언급하였던 몇몇 어구를 생략할 수밖에 없다 하더라도 말이다.[80)]

> "사단(클럽)의 재산은 … 그 때 당시 존재하는 구성원에게 … 귀속한다. 그러나 조합재산(사단재산)으로서 그것은 조합목적(사단목적)을 달성하기 위해 존재하는 재산이므로 구성원의 잔여재산과 구별되고, 더욱이 지분은 분할되지 않으며 조합원(사단사원) 전원에게 공동으로 귀속하는 특별재산(特別財産, Sondervermögen)이다. 그리고 이러한 면에 있어서 법인의 재산과 유사하다."

나아가 영국에서는 이 특별재산을 모든 구성원의 잔여재산(殘餘財産)으로부터 분리(分離)하는 일이 더 명확하게 이루어질 수 있었다. 왜냐하면 법적으로 검토해 볼 때, 이 재산의 소유자는 사단의 구성원(Vereinsmitglieder)이 아니라 수탁자이기 때문이다. 하지만 실질적 의미에서 이 클럽 수탁자의 소유권은 외관상 소유권(Scheineigentum) 이상의 어떠한 것이 전혀 아니기 때문에 수탁자들은 마치 위원회와 총회에 의해 끈으로 조종되는 인형보다도 나을 것이 없다. 그리고 이런 종류의 신탁 사례에서는 신탁수익자가 특히 잘 보호되고 있음을 알 수 있다. 그 이유는 만약 신탁날인증서가 위조(僞造)되었다 하더라도 신탁의 존재 자체가 문제될 여지는 없으므로, 예를 들어 클럽하우스 중의 하나를 사거나 카톨릭 대성당을 구입하는 일에 대해 그 누구도 어떤 말을 할 수가 없다는 데 있다. 즉 사실 자체가 증명력(證明力)이 있다(res ipsa loquitur)고는

80) Gierke, *Vereine Ohne Rechtsfähigkeit*, S. 14.

하지만 여전히 수탁자의 '단순 소유권(Nudum Dominium)'은 이러한 재산 전부를 특별재산으로 한데 모아 유지하게 하는 일종의 외부적 징표로서 역할을 한다. 그리고 몇몇 위대한 법학자들이 법인을 조종될 수 있는 인형으로 표현할 수도 있다고 했던 말을 기억해 볼 때, 그 자체로 중요한 유추(類推)가 성립 가능하게 된다. 즉,

> "사단은 존립(存立) 당시에는 물론 유언이 있건 없건 불문하고 사망을 원인으로 재산을 취득할 수도 있다. 왜냐하면 조합(사단)의 법적 자격으로 그 때 당시 존재하는 구성원을 상속인으로 지정하거나 또는 그들에게 유증(遺贈)하는 데에 아무런 장애도 없기 때문이다."[81]

사단의 법적 능력에 대한 制定法과 현실의 괴리

비록 "상속인으로 지정하는 것(zu Erben einsetzen)"이라는 말은 영국의 법체계상(法體系上)으로는 부적합하다 하더라도 실제적인 측면에서 보면 영국법에 적합하다. 오랫동안 관계를 맺어온 불특정의 사람들을 위하여 신탁을 설정하려고 노력을 기울인다고 해서 그러한 신탁 설정의 노력이 곧바로 영국법의 '영구구속 금지원칙'에 저촉된다는 이유로 소추(訴追)되는 것은 아니기 때문이다. 오히려 이러한 경우에는 유언자측에서 약간의 배려를 할 것만이 요구된다. 즉, 유언자는 말을 적게 할수록 더 유리하다. 실제적으로 볼 때 사단은 유언능력(遺言能力, vermächtnisfähig)이 있다. 비록 도입부분은 정확히 일치하지 않지만, 기르케 박사의 다음 문장은 역시

81) Gierke, *op. cit.*, S. 21.

타당하다고 여겨진다.

> "[란트법상(Landesgesetzlich)][82] 법인의 권리취득(權利取得) 제한에 대한 것은 권리능력 없는 사단에까지는 미치지 않는다."

이하에서 언급하겠지만, 영국의 법률가들이 헨리 8세(Henry Ⅷ)의 제정법을 현명하게 해석해 온 이후로, 영국의 권리능력 없는 사단은 법인에게 토지 취득을 금지시켰던 법률인 사수법(死手法, Statutes of Mortmain)[83]의 효력의 범위에서 벗어나 있었다. 그리

---

82) [역자주] 독일 각 주(州)에서 마련해 놓고 있는 제정법으로서 독일 보통법에 우선하여 적용되는 주(州)법이다. 즉 프랑크 시대의 관습적·속인적인 부족법이 중세의 속지적인 지방법으로 전환한 것이다. 이는 중세 독일 전역에 통용되는 제국법(Reichsrecht)과의 관계에서는 지방법인 동시에, 도시법(Stadtrecht), 봉건법(Lehensrecht), 장원법(Hofrecht), 속지법(Territorialrecht) 등과 같은 지역적·인적 법률관계를 규율하는 특별법과의 관계에서는 일반법·보통법의 성질을 갖게 된다.

83) [역자주] 사수법(Statutes of Mortmain 또는 Mortmain Acts)의 사수(死手, Mortmain)라는 말은 법인에 대하여 부동산권을 이전하는 것은 마치 그 부동산권이 어떤 죽은 사람의 손에 귀속하는 것처럼 상속 등이 이루어질 수 없는 상태로 빠지기 때문에 그렇게 표현하였다.
봉건제하의 영국에서는 교회나 법인에게 토지의 양도가 이루어지면 상속이나 혼인 등을 기회로 보유자가 영주에게 지불해야 하는 봉건적 부수조건이 회피되는데, 이 때문에 특히 국왕이 막대한 손실을 입게 되었다. 그러므로 수차례에 걸쳐서 이러한 것을 행한 교회나 법인에게 국왕의 허가 없이는 토지의 양도를 할 수 없도록 금지하였고, 이를 위반한 경우에는 국왕에게 그의 토지가 몰수되도록 규정하는 법이 제정되었다. 1215년의 마그나 카르타(Magna Carta)가 그 최초이었다. 그 후 공익유스법(Charitable Uses Act, 1735)에 의해 조치가 완화되었고, 공익단체법(Charities Act, 1960)에 의해 완전히 폐지되었다.

고 이 점은 권리능력 없는 사단이 권리능력 있는 사단과 비교할 때 가지고 있는 가장 큰 이점(利點)이었다. 예를 들어 쟈키 클럽(Jockey Klub)은 국왕이나 국가의 허가를 구하지 않고도 뉴마켓 헤스(Newmarket Heath)를 매수할 수 있었다. 심지어 오늘날에는 어떤 권리능력 없는 사단이 스스로 회사법(會社法)을 기초로 해서 그들 자체적으로 등기(登記)해버리거나 법인이 된다면 무제한의 토지보유 권한을 잃고 만다.[84]

법인격 없는 사단의 訴訟能力

소송능력(Prozeßfähigkeit)에 관한 영국법의 원칙에서 볼 경우, 소추할 수 있고 소추당할 수 있는 능력을 법인의 본질적 특성의 하나로 간주하였다. 비록 인장(印章, Insiegel; common seal) 역시 중요한 지표였지만 실제로 때에 따라서는 이러한 능력은 법인이 가진 특수한 차이점이었던 것으로 생각해왔다. 그리고 우리는 이 법 이론을 드러내어 놓고 깨뜨리지 않은 채 유지하고 있었다. 그렇지만 실제적으로 권리능력 없는 사단과 관계된 매우 많은 분쟁들은 전적으로 수탁자에 의해 대표되었다는 사실을 알 수 있다. 특히 이러한 사실은 모두 부동산에 관한 소송 사건에서 나타났다. 지역권(地役權, Servitut)이나 경계에 관한 이웃과의 분쟁을 가정해 본다면, 이와 같은 분쟁이 발생했을 경우 법정에서 마치 사단이 아니거나 신탁이 존재하지 않는 것처럼 취급되어 논의되고 판결될 수

84) Companies Act, 1862, Sect. 21.

도 있다. 그리고 '형평법상' 사단에 귀속한 토지 및 가옥의 용익임차인(用益賃借人 또는 土地小作人, Pächter)이나 사용임차인(使用賃借人, Mieter)들과의 분쟁시에도 마찬가지이다. 임차인과 수탁자 사이에는 법적 관계가 존재하지만 임차인과 사단 사이에는 아무런 법적 관계도 존재하지 않는다. 그리고 일반적으로 사단의 구성에 관한 어떠한 언급을 함으로써 임차인에게 곤란함을 줄 수도 없다.

그리고 나서 대법관부 법원은 내부적인 논쟁에 관한 '대표소송(stellvertretenden Klagen; Representative suits)'에 대해 상당히 융통성 있는 이론을 전개하였다. 이 부분에 대한 이야기의 발단은 지금까지 숙고해왔던 논점과는 동떨어진 것이다. 즉, 영국인에게 설정이 허락된 복잡한 신탁에 대해 법원이 소송에서 어떤 집단의 사람들이 그 집단의 한 구성원에 의해 충분히 대표될 수 있다는 판결을 내려준 데에 만족해야 한다는 것이었다. 사람들은 '자기나 다른 모든 수증자(受贈者)들을 위해서'이거나 '망자(亡者)의 다른 모든 이웃들' 또는 '다른 모든 채권자'를 위해서 소송을 해 온 원고에게 오히려 친숙함을 느끼게 되었다. 이러한 관행은 사단의 도움으로 생겨났다. 영국인들의 관점에서는 만일 많은 사건에서 단순 집단들이 예를 들어 유언자의 조카와 같은 특정 사람에 의해 대표될 수 있었다고 한다면, '최초의 사단(a fortiori ein Verein)'은 그의 '임원(任員, Organe)'에 의해 대표될 수 있다고 논의할 것이다. 결국 우리는 법인의 배타적 소유물인 소송능력을 침해하고 있었음을 깨닫지 못한 채 이러한 일들을 하고 있다.[85]

---

85) 이 점에 관해 영국법은 현재 최고법원규칙(Rules of Supreme Court of Judicature), XVI. 9에서 정하고 있다.

法人格 附與條件의 완화

법인격 없는 사단은 그 자체로서는 상당히 불완전하게 존재하지만 지위(地位) 자체는 분명히 안정적(安定的)이다. 이 말의 의미를 적용할 수 있을 만한 간단한 시험방법이 있다. 최근 40년 이상 동안 거의 모든 사단은 원하기만 한다면 법인의 자격을 얻을 수 있었는데, 그것도 아주 간단한 조건으로 자격을 취득할 수 있었다. 즉, 영국에서는 그 문을 열었을 때 아주 활짝 열어 버렸다.[86] 어떤 일곱 명의 사람들 또는 그 이상의 사람들이 무엇인가 합법적(合法的) 목적을 위해 같이 모인 경우에는 법인설립이 가능하였다.[87][88] 어떠한 국가기관의 인가도 필요하지 않고 정치적(politische) 단체, 사회정책적(sozialpolitische) 단체 또는 종교적(religiöse) 단체이어야 함을 구속하는 예외규정도 전혀 없다. 아주 다양한 종류의 많은 단체들이 이러한 편의제공(便宜提供)에 의한 혜택을 누려왔다. 그러나 반대로 다른 많은 단체들은 이러한 편의제공에 의한 혜택을 누리려 하지 않았다. 지금 언급하는 단체들은 재산을 전혀 가지려고 하지 않거나 아주 조금만 가지고 있는 검소(儉素)한 단체들

86) [역자주] 영국의 경우 법인의 자격 부여조건과 관련하여 법률을 제정했을 때, 그 조건을 아주 완화하는 방향으로 기본적 태도를 유지하였다.

87) Companies Act, 1862, Sect. 66.

88) [역자주] 참고로, Companies Act, 1929, Sect. 1 (1)에서는 "일곱 명 또는 그 이상이, 아니면 설립된 회사가 사회사(private company)인 경우 2명 이상이 합법적인 목적을 위해 결합하여 단체의 정관에 자신이 서명을 하고 그 방식이 본법의 등기에 관한 요건에 부합됨으로써 유한책임이거나 유한책임 아닌 법인회사를 설립할 수 있다"라고 규정하고 있다.

이 아니다. 즉 단지 몇 개의 체스 말(Schachspiele) 이외에는 가진 것 없는 단체에 대해서 이야기하는 것이 아니다. 뿐만 아니라 정치적 선동(煽動)의 기미가 보일 때면 언제나 영국에 우후죽순(雨後竹筍)으로 생겨나는 단체들, 예를 들면 '관세개혁협회(Tariffreform-Association)'나 '식량거래자유연맹(Free Food League)' 등도 여기에 해당되지 않는다. 일시적인 목표를 가지거나 그 목표가 무엇인지 아예 정하지 않은 단체는 법인이라고 생각하지도 않기 때문에 관심조차 두지 않는다.

그렇지만 가난한 것도 아니고, 장기간 존속하고 있거나 명확한 목적을 가지고 있는 다른 많은 단체들은 이러한 편의제공을 누리려 하지 않았다. 예를 들면 필자가 런던식(London Typus)이라 부르는 클럽들이 그렇다. 이러한 클럽들은 회원이 거의 매일 서로 만날 수 있는 클럽하우스를 소유하고 있다. 그리고 많은 학술단체들도 마찬가지이다. 필자가 알고 있는 바에 따르면 구성원들 간에 영국 법제사에 대해 서술한 책들을 간행(刊行)하고 배포(配布)하기 위해 설립된 협회가 있다. 여기서 발간된 간행물의 저작권을 어떻게 할 것인가를 놓고 문제가 제기되었고 협회를 법인화하자는 방안이 논의되었다. 그렇지만 협회의 협의회(協議會)는 — 그들 모두가 법률가이고 그 중 몇몇은 상당히 저명한 법률가이다 — 오히려 옛날 방식을 선택하였다. 즉 수탁자의 방식을 선택하였다. 수탁자 방식을 채용하여 엄청난 업무를 수행하는 단체의 예로는 런던 중앙에 자리한 대규모 회관과 그 구성원이라면 대출가능한 장서(藏書)를 20만 권 이상 보유한 런던 도서관(London Library)을 들 수 있다.

制定法에 대한 反響과 신탁의 선호

이러한 모든 현상들이 왜 일어나게 되었는지를 설명하기란 쉽지 않다. 필자는 이러한 현상이 비용(費用)의 문제 때문은 아니라고 보는데 왜냐하면 비용 자체는 수탁자의 보호장벽을 유지하는 비용에 포함되기 때문이다. 또한 단지 회계상 금전적 손익이 종종 법인격을 부여받는 것을 주저하게 하는 일이 나타나지만 단지 그 이유 때문인 것만은 아니라고 생각한다. 그러나 확실하다고 장담할 수는 없지만 그런데도 널리 인정된 견해에 따르면, 사단을 법인화에 관한 제정법(Gesetz) 아래에 두는 것은 아무리 그 제정법이 자유주의적이고 탄력성(彈力性)이 있다 하더라도, 이미 사단들 사이에 널리 퍼져있는 부정적인 평가를 뒤집을 수는 없는 것이었다. 왜냐하면 일단 법제화되면 사단은 얼마가 되었든 자유와 자율성(自律性)을 상실할 수밖에 없기 때문이다. 또한 법제화로 말미암아 사단은, 국가에 대해 아무런 요구도 하지 않고 아무런 혜택도 받지 않는 경우에 비추어보면, 그 사실로부터 벌써 자신들이 운명의 지배자라는 사실이 상당히 불안정(不安定)하게 될 것임을 깨닫고 있었기 때문이다. 이러한 믿음은 시간이 흘러감에 따라 옅어져 갔다. 그렇다 하더라도 사단을 법인화시키려는 어떤 시도, 즉 등기의 강제(强制, Registerzwang)는 반대를 불러일으키리라 확신한다. 또한 다른 한편으로, 공공연하게 법원이 법으로 특허(特許)도 없고 등록(登錄)도 되지 않은 사단에 대해 법인의 명의를 부여해 줄 수 있도록 인정해주자는 제안도 문제가 있다. 즉 용납할 수 없는 불확실함을 법으로 받아들였다는 불만을 야기할 뿐만 아니라 — 비록 우리가 오스트리아에 대해서는 얼마 알지 못하지만 — 제안자가 조금은 비밀스런 목표를 의도적으로 가지고 있다는 의혹을 불러일으킨다. 아마도 사람들이 "낡은 형식에 얽매인 것(관료적 형식주의, Bureaukratismus; Red－tape)"이라 부르는 것보다는 덜 나쁘겠지만, 추측컨대 법인화 제안자의 비밀스러운 목표는 과세(課稅) 그리고 횡령(橫領 Beraubung)일 것이다.

1862年 議會制定法의 意義

증권거래소에 대해 언급했던 때를 제외하고, 지금까지는 구성원들 사이에 이익을 분배하지 않는 사단들에 대해서 이야기해왔다. 여기서 영국의 주식회사(Aktiengesellschaft)의 역사에 대해 굳이 이야기하지는 않겠다. 그 역사에 대해서는 독일이나 다른 국가에서 종종 이야기되어 왔다. 그렇지만 한 가지 점은 주목할 필요가 있다.

1862년 의회에서는 법인의 형식과 법인격을 '합법적인 목적을 위해 결합된 일곱 명 이상의 사람들'이라는 조건에 의해 인정할 수 있도록 의결하였다. 여기서 우리는 위 표현이 지닌 폭넓은 의미는 제쳐두더라도 환영해야 할 충분한 이유가 있다고 생각한다. 왜냐하면 영국은 임시방편(臨時方便)의 수단에 너무 익숙해져 있지만, 이 법률만큼은 결코 임시방편적인 법률이 아니기 때문이다. 하지만 우리는 여전히 그것을 조건부(條件附) 항복의 법률(Akt der Kapitulation)이라 표현할 것이다. 오히려 적은 그 성(城, Zitadelle) 내부에 있었다.

17세기 말까지 영국에서는 사람들이 양도가능한 지분(Anteil)과 주식(Aktien; actions – 왜냐하면 그 무렵에는 그것을 표시하기 위해 이 말을 사용하였으므로 –)으로 주식회사를 설립할 수 있도록 하기 위해 노력하였다. 그리고 이러한 과정은 계속되어, 1694년 존 휴턴(John Houghton)이라는 사람은 영국의 은행과 같은 특허법인들의 주식과 함께 법인격 없는 이들 회사의 주식(Aktien)이 포함된 상장주(上場株) 일람표를 그의 신문에 게재할 수 있었다. 일반적으로 우리는 이들 회사의 조직에 대해서 어느 정도는 알고 있지만 그들의 업무가 법률가들이나 법원에 의해 존중될 것인지 여부에 대해서는 아예 짐작조차 할 수 없었다.

南海거품사건의 공황과 의회법

그리고 난 뒤, 1720년에는 모두가 알다시피 남해(사기)거품사건(Südsee-Schwindel; the South Sea Bubble)89)이 발생하여 곧 폭발해

89) [역자주] 남해회사(South Sea Company)의 주가를 둘러싼 투기사건으로 인한 공황사태이다. 당시 영국에서는 에스파냐계승전쟁 등으로 국채(國債)가 남발되어 정부가 그 이자지불(利子支拂)에 고심하고 있었다. 이 때 토리당(Tory) 정부의 재무상(財務相) 등이 1711년에 남해회사를 설립하여 국채 1000만 파운드를 인수함으로써 재정부담을 경감시켜주는 대가로 에스파냐령(領) 남아메리카 및 태평양제도와의 무역독점권을 이 회사가 갖기로 하였다. 그 후 동(同)회사의 인기가 치솟자 국민들의 투기열풍이 일어 주가가 10배 이상 뛰었다. 그러나 이 회사의 사업내용이 부실한 것으로 판명나고, 비슷한 사업을 목적으로 우후죽순(雨後竹筍)으로 설립되었던 회사들과의 마찰로 인해 주가는 폭락, 파산자들이 속출하였다. 곧 의회의 위원회가 조사에 착수한 결과, 정부고관의 수뢰(收賂)가 발견되어 회사간부들의 재산이 몰수되었다.

버렸다. 공황에 빠진 의회는 법률을 공포하였다. 하지만 그 제정법은 우리가 그것을 읽어보고 있는 지금 이 순간에조차도 우리들을 옭아매려 하는 것처럼 느끼게 하는 법률이었다. 확실히 이 기간 동안에 주식회사를 설립하는 것은 어려움이 뒤따랐다. 그러나 1720년 이전까지도 존재해 왔으며, 이후에도 법인격을 부여받지 않은 상태로 존속해 온, 특히 '썬(Sun)'과 같은 몇몇 보험회사는 요즘까지도 영국에 남아 있다.[90] 그리고 나서 나중에 큰 재해가 잊혀져갈 무렵, 법률가들은 이 끔찍한 법률의 조항(條項)들을 냉철하게 분석하기 시작했고, 결국 그 법률이 그렇게까지 끔찍한 것은 아니었음을 알게 되었다. 그 이유 중 하나로 그 법률에서는 합법적인 권한 없이 '법인으로서 행동하는 것으로 추정되는(vorgeben, als Korporation zu handeln)' 자를 형벌(刑罰)로 위협하였다. 하지만 그러한 행위를 과연 범죄행위라 할 수 있을까?

오랜 역사를 통해 영국의 법률가들은 사람들이 단체의 조직이 곧 법인의 자격이라고 말하는 것을 배척하였다. 법률가들 자신들은 법조학원의 구성원이었다. 실제로 법률가들의 입장에서는 행위자들이 확실하게 법인격이 부여되어 있다고 말하지 않았거나 또는 신성한 상징이라 할 수 있는 인장을 불법행사하지 않았다 하더라도, "법인으로서 행동하는 것으로 추정 가능하다"는 것에 대해서 명확하게 평가하지 않았다. 하지만 영국법은 비교적 표면적으로 나타나는 현상에서 법인자격 진위(眞僞)의 본질을 발견해

이 사건으로 당시 영국의 정계와 경제계는 큰 혼란에 빠졌고, 이 사건의 수습과정에서 이 회사의 사업계획에 지속적으로 반대해왔던 수상(首相) 로버트 월폴(Robert Walpole)은 뛰어난 수완을 발휘하여 그의 장기집권을 이루었다.

90) F. R. Relton, *Fire Insurance Companies*, 1893.

낼 것을 강요해왔다.

심지어 1720년 제정법의 '양도 가능한 주식을 모집하거나 모집한다고 칭하는'이라는 규정과 같이 아주 명백한 금지규정(禁止規定)에 대해서조차, 법원은 그 법률을 처음 접했을 당시에 그다지 많이 언급하지도 않았을 뿐만 아니라 그렇게 엄중하게 해석하지도 않았다. 남해거품사건의 공황 동안 의회는 공공에 끼치는 유해함에 대해서 많이 언급하였고, 그러한 유해에 대한 개념은 변화를 피할 수 없다고 주장한 판사들은 유해의 경향이 없는 곳에 범죄는 없다고 단언(斷言)하는 것이 가능하였다. 1825년에 '거품법(Bubble Act)'이 폐지되기 이전부터 이 법률은 거의 유효성이 없어져 버렸다.

無限責任에서 有限責任으로

하지만 조합원의 무한책임(unbeschränkten Haftbarkeit)은 여전히 지속되었다. 이러한 문제는 다분히 실제적인 문제이기 때문에 전반적으로 영국인이라면 철저하게 이해할 수 있을 만한 것이었다. 실제로 19세기 전반 이후 영국에는 이것이 확실히 문제 전체의 핵심이라는 것을 강력하게 제안한 의회제정법이 존재하였다. 이때까지 의회는 다른 모든 사항들에 대해서는 상당히 관대한 입장에 서 있었다. 예를 들면 적극적 또는 소극적(aktive und passive) 소송능력이 그것이다. 즉, 몇 명의 비서관이나 금전출납원의 명의로도 단체로서 소추하거나 소추당할 수 있는 능력(소의 당사자적격)이 부여되었다. 그리고 이러한 부분은 다음에서 이야기하는 바와 같이 법인격 없는 사단이 존재할 수 있다는 사실에 대한 우리의 인식을 더욱더 확대하는 데 이바지하였다. 당시는 임시방편식으로 때워 넘기던 시대였다. 한 번은 어떤 영국의 회사에 대한 흥미로운 사건에서, 영국 의회제정법에서는 법인이 아님을 명확히 밝혔음에도 불구하고 미국의 법원은 법인이라고 판결하기도 하였다.[91]

또한 만일 영국의 입법부가 어떤 일반적 수단을 통한 완전한 법인격 부여의 의사가 없었다면, 마찬가지로 법원도 조합원(Gesellschafter)의 무한책임을 유지하는 견해에 대해 진지함을 보였을 것이다.

그러나 이미 발단은 마련되었다. 어떤 사람이 상품을 판다고 하자. 그 때 그가 어느 누구도 대가에 대해 개인적으로 책임을 지지 않는다는 사실과 그리고 단지 어떤 기부된 기금만을 확인한 경우, 과연 그에게 그 매매계약(賣買契約)을 준수하도록 강제할 수 있을까? 영국 법원은 사람들이 어떤 사안에 대해 그렇게 어리석게 처리해 왔으리라고는 전혀 믿지 않았다. 하지만 인적 책임(persönliche Haftung)만큼은 명확한 표현으로 충분히 배제할 수 있음을 인정해야 했다. 그렇게 해서 쐐기를 박아 버렸다. 만일 국가가 양보하지 않았더라면 영국은 법인격은 없지만 유한책임으로 계약을 체결하고 있는 주식회사를 가지게 되었을 것이다. 우리는 오늘날 사람들이 계약체결을 단념하는 이유가 '유한책임(beschränkt; limited)'이라는 말 때문이 아님을 알고 있다. 만일 당해 회사 편지의 머리말에 인쇄되어 있는 네 행 내지 다섯 행의 문장 속에 유한책임이라는

91) 후일에도 영국 법원은 법인이 설립되어 있는 나라의 법률에 의해 법인이 해산되면 당해 법인은 사실상(ipso facto) 영국에서는 존재하지 못한다고 판시하였다.

단어가 쓰여 있다면 사람들이 계약체결을 단념할 것이라는 추측은 아무런 근거가 없다. 회사의 임원에게는 당해 회사와 계약상의 교섭을 한 모든 자에게 유한책임에 대한 적절한 고지가 주어질 수 있도록 배려해야 한다는 데에는 그만한 충분한 이유가 있다는 사실에 대해서는 굳이 말할 필요도 없다. 왜냐하면 만약 그러한 고지를 하지 않았다면, 아마 임원 자신이 최초의 피해자가 될 것이기 때문이다.[92)]

1862년法의 死文化 현상

영국에서는 1862년 영예롭게도 국가가 조건부 항복을 하였다. 그와 동시에 국가는 대규모 법인격 없는 조합의 결성을 금지시켰다. 즉 20인 이상으로 구성된 어떤 사단 및 조합도, 그들이 등기

92) 영국에서는 이 흐름을 따르는 법이론의 발전이 여기서 멈추었다. 왜냐하면 1862년 제정법에 의해 경제적 사단(wirtschaftliche Vereine)은 법인이 되었기 때문이다. 영국법은 다음 두 개의 문장 중 첫 번째 문장까지는 이르렀지만 두 번째 문장까지는 아직 이르지 못한 것으로 보인다 : "각 구성원은 각자 재산의 부분을 가진 만큼만, 특히 사단재산에 대한 각자의 지분을 가진 만큼만 책임을 진다고 하는 관습은 구성원의 법률행위상(法律行爲上)의 책임을 기초하는 것으로 특별한 방해를 받지 않는다. 그러나 그러한 약정이 유효한 것이라면 임원은 구성원의 책임을 한정하여 그들의 지분의 한도에서만 구성원이 의무를 질 수 있도록 임원의 대리권(代理權)을 처음부터 규칙으로 제한하는 것도 가능하다."(Gierke, *op. cit.*, S. 39) 나아가 이미 언급한 바와 같이 영국의 클럽에 관해, 회원이 한정적으로 만든 책임을 부담하는 채무를 위원회나 수탁자가 부담하는 것이 가능하게 될 것이라는 예측은 존재하지 않는다.

(登記)되고 그렇게 해서 법인이 되지 않는 한, 영리목적으로 설립을 할 수 없게 되었다. 그렇지만 필자는 당시 이 금지원칙이 거의 사문화(死文化, caput mortuum)되어 있었다고 말할 수 있다. 나아가 그 원칙의 존재가 일반적으로 알려졌는지조차 의심이 간다. 왜냐하면 어느 누구도 그 원칙을 깰 수 있을 것이라고 기대하지 못했기 때문이다. 영리가 단체의 목적인 경우에 법인형태가 법인격 없는 형태에 비해 오히려 더욱 적합하다는 점이 증명되었고, 특히 또 한 사람의 의사가 지배하는 아주 소규모인 법인[이른바 '1인 회사(One-Man Companies)']을 설립하기 위해서는 엄청나게 정교한 작업이 집중되어야 했기 때문이다. 실제로 영국법상 단순 조합은, 비록 우리가 그것을 죽어가고 있는 제도라고 말할 수는 없다 하더라도, 급속하게 설 곳을 잃어가고 있다.[93]

미국 대규모 단체들의 신탁방식 선택

미국의 경우는 상황이 달랐다. 필자가 알고 있는 바로는 미국에서는 재산을 수탁자에게 위탁한 법인격 없는 주식회사가 새로

93) 쉽게 이야기해서 독일 민법전(B.G.B.) 제21조와 제22조에 의해 이루어졌던 구별과 유사한 구별은 영국의 1862년의 제정법 제4조(Act of 1862, Sect. 4)에 의해 이루어졌다. 즉 "스무 명(만일 업무가 은행업인 경우에는 열 명) 이상으로 구성되어 있는 어떤 회사, 결사(結社), 조합도 그것이 등기 되지 않는 한, 당해 회사나 결사 또는 조합에 의해 또는 그 개개의 구성원에 의해 영리를 목적으로 하는 업무의 집행을 위해서는 설립되지 못한다." 사단이 그들 문언에 해당하는지 그렇지 않은지가 의심되는 사건은 40년 동안 단지 몇 건만이 발생하였다고 필자는 확신한다.

운 상사회사(商事會社)와 나란히 존속하였다. 대규모 법인격 없는 조합의 설립을 금지하는 법률에 대해서는 계약의 자유에 대한 부당한 간섭이라고 간주해 왔었을 것이고, 심지어 이러한 법률의 유효성 자체에 대해서도 항상 문제제기가 끊이지 않았다. 유한책임에 대한 광범위한 조치는 조심스럽게 표현되어 있는 조항들에 의해 보장되었다. 미국의 '신탁날인증서(Trusturkunde)' 중에서 이하의 문구(文句)를 하나의 예로써 소개해 보고자 한다.

> "수탁자들은 주주들을 인적(人的)으로 구속할 수 있는 권한을 가지고 있지 않다. 이 신탁선언서는 수탁자들이 작성한 모든 서면계약에서도 참조해야 한다. 수탁자들과 계약을 체결하는 자나 법인은 당해 계약을 원인으로 발생한 지불(支拂)의 경우 이 신탁기금 및 신탁재산에 근거한 것으로 본다. 나아가 수탁자들도 주주들도 현재 또는 장래에 있어 그 지불에 대한 인적 책임을 지지 않는다."

사단 또는 조합이 행하는 업무의 규모가 커질수록, 이러한 조항들은 더욱 확실한 역할을 맡게 된다. 왜냐하면 — 어떠한 법적 요건도 없다고 할 — 대규모 업무에서는 서면으로 작성된 증서의 형태를 자연스레 취하기 때문이다.

그리하여 '신탁(Trust)'과 '법인(Korporation)'이라는 두 단어가 불가분(不可分)으로 연관되는 사건들이 발생하였다. 미국의 자본가들이 여태까지는 세계에서 볼 수 없었던 엄청난 규모의 자본집적(資本集積)의 형성에 착수했던 당시, 그들이 왜 법인형태를 피하려고 했는지 그 이유를 필자가 정확히 이야기할 수는 없다. 굳이 원인을 찾자면 그렇다 하더라도 미국의 법인은 영국의 법인이 과거 오랜 기간 동안 느꼈던 것 이상으로 국가에 대한 심한 두려움 속에서 살아왔던 것 때문이 아닐까라고 생각된다. 법무장관이 소추하여 법인이 범한 범죄에 대한 형벌로 법인이 해산되었던 판결은 미국에서는 잘 알려진 사례이다. 영국에서는 1688년 명예혁명(名譽革命) 이후로 이런 종류의 어떠한 사례도 거의 들어보지 못했다. 찰스 2세(Charles II) 시대에 법률위반을 이유로 런던의 사법인(私法人)을 해산시킨 사건은 '귀류법(歸謬法) 또는 간접증명법(reductio ad absurdum)'[94]으로 취급되고 있다. 어쨌든 미국 금융계, 산업계의 대실업가들이 엄청난 도안을 그려가고 있을 때 그들이 선택한 형태는 '법인'이 아니라 '신탁'이었다.

미국 내 信託과 法人의 혼용

그 후 변화가 있었다. 미국의 어떤 주(州)는, 특히 뉴저지(New-Jersey)는 대규모 자본결합을 이끌어내고자 주의 법인법을 완화하기 시작했다. 회사의 자본이 총합계 수백만 달러로 산정될 경우에는 낮은 세율의 세금으로도 징수(徵收)할 가치가 충분히 있었다. 그래서 오늘날 미국의 trust — 이 용어를 경제전문가 내지 저널리스트가 사용하고 있는 의미로서 — 는 언제나 그렇다고 말할 수는 없더라도 대개는 법인을 지칭한다.

---

94) [역자주] 간접증명법 또는 배리법(背理法)이라고도 한다. 논리를 돌아보면 불합리에 이르게 된다고 증명하여 다른 결론의 타당성을 증명하는 방법이다. 즉 어떤 명제의 결론을 부정하여 가정이 모순됨을 보여줌으로써 간접적으로 그 명제가 참임을 증명하는 것이다.

이렇게 해서 샬리카(Lex Salica) 법전[95]의 'trustis'라는 오래 된 용어는 새로운 의미를 가지게 되었다. 어떠한 자본의 결합이라도 만일 그 결합이 어느 정도 충분히 강하다고 한다면 일반적으로 'trust'라 부른다. 그리고 영국 사람들은 독일에는 이러한 'trusts'가 풍부하다고 믿고 있다.

95) [역자주] 샬리카 법전(法典)은 게르만족 가운데 프랑크 부족의 일족(一族)인 샬리족의 법전을 의미한다. 일반적으로 게르만족의 부족법적(部族法的) 요소들이 게르만족의 대이동으로 인한 로마법의 계수의 영향으로 희미해져갔었지만, 상대적으로 샬리카 법전에는 게르만족 특유의 부족법적 요소가 많이 남아 있었다.

VII 信託 適用領域의 擴張

자치단체와 수탁자 보호장벽의 역할

이쯤에서 필자는 신탁과 법인(Trust und Korporation)의 관계가 아주 오래 된 것임을 또다시 한번 되풀이하고자 한다. 신탁과 법인의 그러한 관계는 적어도 4세기도 더 된 일이다. 헨리 8세(Henry Ⅷ)는 신탁과 법인의 오랜 관계를 알고 있었다. 국왕 헨리 8세의 장엄한 음성이 담겨 있는 의회제정법의 전문(前文)에는 이하의 문장이 있다.[96]

> "영지공시양도(領地公示讓渡)에 의해 … 법인이 아닌 개인들 사이의 일반적 동의에 따라 … 창설된 동업조합(guilds), 친목단체(fraternities), 자치단체(comminalties), 회사(companies), 또는 동업단체(brotherheads) … 를 위한 토지의 … 신탁이 설정된 … 경우 … 토지가

96) Statute 23, Hen. Ⅷ, c. 10.

영구적으로 양도된 경우와 마찬가지로 … 국왕 … 그리고 그 외의 다른 영주 또는 국왕의 신민(臣民)에게 손실과 불이익이 … 된다. … ”

위에서 헨리 8세가 말한 그 손해가 무엇인지 살펴보자. 부동산 복귀권(Escaeta), 상속납입금(Relevium), 후견권(Custodia)은 수탁자의 보호장벽이 빈틈없이 잘 지켜주고 있기 때문에 존재할 여지가 전혀 없을 것이다. 그 이유는 보호장벽의 유지에 지대한 관심을 가진 단체가 그 배후에 존재하고 있고, 그 단체는 국왕에게 허가를 구하지 않고도 스스로를 형성해갈 수 있기 때문이다. 그러므로 지금으로서는 그러한 손해를 조절할 의도가 전혀 없어 보이는 당시의 제정법을 읽어 볼 사람은 아무도 없을 것이라 생각된다.97) 그러나 다행스럽게도 이 제정법 역시 사자의 미사(Totenmessen)를 위한 신탁을 어느 정도는 제한하였다. 그렇지만 헨리 8세의 사후(死後), 머지않아 신교도(新敎徒, protestant)인 법률가들은 이 제정법 전체가 '미신(Aberglauben)'을 옹호하는 입장으로 기울었다고 말하고 있었다. 확실히 법조학원의 구성원들은 국왕의 의도에 대한 그렇게 공평한 설명자이지는 못했다. 그러나 그들은 한 고전적인 사례에서는 다음과 같이 논하였다. 즉 영국의 거의 모든 '마을(Ort; town)'98)은 시골이기 때문에 수탁자에 의한 사자의 미사를 제한한다고 규정하고 있는 의미라고는 볼 수 없다고 하였다. 두말할 필요도 없이 그런 언급은 있는 그대로 받아들일 수 없다. 그렇지만 자치단체(自治團體, Kommunalverband)를 위한 신탁이나 자치단체의 일정한 목적을 위한 신탁은 매우 오래 된 것이어서 상당히 일반

97) 20년 이내에 종료하지 않는 신탁은 무효이다.

98) [역자주] 여기에서 마을은 시(Stadt)가 아니라 시골(Dorf)을 의미한다.

적으로 이루어져 왔다. 그것이 바로 '공익신탁'이다. 의회에서 케임브리지주를 대표하는 기사의 급료를 지급하는 데 충당되었던 장원, 즉 기사령(騎士領, Rittergut)이 케임브리지 근처에 있었다.[99]

앞에서 언급한 자치단체 지역에서는, 신탁의 설정이 비록 때때로 유익하기도 했지만, 우리를 고통스럽게 했던 특허이론의 아주 혹독한 침해로 입은 고통을 직접적으로 치유하는 데 큰 도움이 되지는 못했다는 것도 사실이다. 특권적인 자치도시(自治都市, Boroughs)를 제외하고, 영국의 모든 자치단체는 낮은 법적 발전의 단계에 머무른 채로 존재하였다. 그들 자치단체는 공동체(共同體) 순위의 변화, 즉 자치도시의 특권적 순위가 그들 순위보다 격상(格上)되는 경우에는 이른바 법적 지위의 격하(Capitis deminutio)를 겪었기 때문에 오히려 설 자리를 잃어버렸다.

13세기의 주(州, Grafschaft; county)[100]는 — 귀중한 기록 중에는 "주(州)로서 등장하여 선언한다(die Grafschaft kommt und sagt)" 라는 매우 대담한 문구가 발견된다 — 18세기 주보다도 분명하고도 의심할 나위 없이 법인격에 가까웠다. 그러나 혹시라도 영국의

99) *Porter's Case* I (1592), Coke's Reports, 60 : "이것은 법인이 아닌 촌락 및 자치도시에 귀속하는 토지의 거의 전부가 촌락세(村落稅)의 지불, 공도(公道)의 정비와 같은 목적을 위해 이익을 사용하며, 신탁과 신뢰에 기하여 교구의 주민 및 그 상속인에게 양도되어 … 그리고 이러한 목적은 — 그것이 거의 모든 촌에서 상당히 일반적이지만 — 헨리 8세의 치세 23년 제정법에 의해 결정되어 거의 무효로 되었다." 필자가 알고 있는 '대표소송'에 관한 초기의 사례 몇 개는 엘리자베스 여왕조 시대의 사례이고, 촌락 또는 교구의 수인의 구성원이 자신 및 다른 자를 위해서 수탁자에게 소송을 제기하였다.

100) [역자주] 여기서 말하는 주(州)는, 지금 우리의 행정편제 단위로 보았을 경우 군, 읍, 면에 해당된다.

주가 여전히 지방행정구역의 수준으로까지 떨어지지 않고 있거나, 그나이스트(Gneist)[101]가 그러한 명칭 아래 기록해 놓은 색다른 체계 속에 '자치(Self-Government)'의 일정한 요소가 언제나 존재하고 있다고 한다면 그것은 대부분 신탁의 작용 때문이다. 필자로선 그렇게 생각한다. 신탁의 업적은 법인 자격이란 것이 마치 국왕이 기술적 이익으로 사고 팔 수 있는 물건과도 같다고 생각할 수도 있음을 우리에게 가르쳐 주었다는 데 있다. 법인의 자격은 사람들이 직접적으로 수행하였을 경우에는 단지 다루기 힘든 도구에 지나지 않는 일들을 간편한 방법으로 이루어질 수 있도록 해주었기 때문에 상당히 유익한 방식이었는지도 모른다. 그러나 여전히 지극히 기술적인 성격의 이익일 뿐이었다. 통상적인 사람의 눈에는 흡사 법인(Korporation)처럼 보이는 단체(Körper) 구조를 띠면서 많은 수의 단체들이 수탁자의 장벽 뒤에 존재해 왔다. 그리고 어느 누구도 이 과정에서 일정한 제한을 설정할 수 있을 것이라고는 예상하지 못했다.

---

101) [역자주] 루돌프 폰 그나이스트(Rudolf von Gneist: 1816-1895)는 독일의 법률가이자 정치가. 베를린대학 교수로 프로이센(Preussen) 사법(私法), 민사소송법, 형법 및 형사소송법을 강의하였다. 1870년대부터는 주로 국가법 및 행정법, 나아가 영국 헌법, 행정법을 강의하였다. 한편 정치나 재판업무도 하여 베를린 시의회의원, 프로이센 의회의원도 역임하였고, 1875년에는 프로이센 상급행정법원 판사직을 맡는 등 여러 방면으로 활동하였다. 영국의 헌법과 국가제도에 관한 역사적 연구를 통해 국가 또는 행정관청의 명령은 독립된 판사의 심사에 복종할 것을 주장하고, 독일 행정법학의 체계적 기초를 시도함과 동시에 프로이센 행정법원의 설립과 자치에 주력하였다.
주요 저서로는, '*Das heutige englische Verfassungs - und Verwaltungsrecht*, Bd. Ⅰ, 1857, Bd. Ⅱ, 1860' 외 다수가 있다.

신탁의 발전과 영국 地方行政制度

이러한 모든 것들은 영국의 지방행정제도와는 반대된다. 영국에서는 공법과 사법의 형식상의 구분을 알지 못하였기 때문에 영국의 사단과 자치단체 간의 작용과 반작용(反作用)은 더욱 용이하였다. 영국 법인의 특징 중 하나는 우리가 이 문제에 관한 이론을 확립함과 동시에 '규칙(Bye-Laws)'[102]을 제정할 수 있는 권한을 가졌다는 사실이다. 그러나 영국인들이 오늘날 '규칙'이라는 단어에 어떠한 의미를 부여하든지 간에 그것의 근본적인 의미는, 실제로 어원학자(語源學者)가 우리에게 얘기해주는 바에 의하면, 부속법률(附屬法律, Nebengesetz)인 것이 아니라 전원법(田園法, Dorfgesetz)이었다.[103] 그 후 '법인(Korporation)'이라는 명칭은 아주 좋지 않은 평판을 받게 되어, 모든 법개혁자들에게 미움을 받은 시대가 도래하였다. 독일의 마을 쇠퇴에 관한 기르케 박사의 서술은 대체적으로 영국의 자치도시에도 맞아떨어진다. 다만 영국의 경우에는 의회의 선거 및 휘그당(Whig)과 토리당(Tory)의 정쟁(政爭)에 관해 설명을 덧붙여야 할 부분은 있다. 게다가 1688년의 혁명이 자치도시

102) [역자주] 영어식의 표현으로 할 경우, 더 정확하게는 'by-laws'이다.

103) Murray, *New English Dictionary*. 독자들은 영국의 저서들에서 'Statute'는 거의 항상 법률(Gesetz; Statutum Regmi; 제정법)을 의미하고 가끔 규약(Statut)을 의미한다고 알고 있다. 종합대학(Universities), 대학(Colleges), 대성당참사회(Cathedral chapters) 그 외의 경우에서만 우리는 독일어 Statut를 영어의 Statute로 번역할 수 있다. 우리는 그 이외의 경우에는 화제에 관한 그 단체의 성질에 적당한 표현으로 바꾸어 '규칙(by-laws)', '기본정관(memorandum and articles of association)' 등으로 바꾸어 말해야 한다.

의 여러 가지 특권을 정당화했던 부분도 더 설명이 되어야 한다. 이른바 기득권(旣得權, wohlerworbene Rechte)이라고 간주해오던 자치도시의 특권에 대해 공격하지 않았던 국왕은 그의 왕관을 희생의 대가로 치렀던 것일까? 자치도시단체(städtischen Korporationen)는 부도덕하면서도 신성불가침(神聖不可侵)한 것이었다.[104] 그래서 새로운 법인을 설립하지 않고도 지방행정이 유지될 수 있도록 모든 수단을 강구하였다. 곧 제정법에 의해 '위원'의 단체나 '수탁자'의 단체가 곳곳에서 여러 가지 목적으로 설립되었다. 그러나 그들 단체에 법인격을 부여할 수 없도록 용의주도(用意周到)한 조치가 이루어졌다. 이 때까지만 해도 영국법은 많은 법원리를 가진 채 이 '공공적 성질을 가지는 신탁'을 언제든지 맞을 준비를 하고 있었으므로 사익신탁(私益信託)과 공익신탁(公益信託)은 발전될 수 있었다. 그러나 자치도시단체가 근본적으로 개혁되고 법인격과 특권의 결합관계(結合關係)가 최종적으로 분리되는 정도까지의 큰 진전을 보지는 못하였다.

이러한 오랜 역사의 모든 자연스러운 귀결에는 외국 연구자를 당황하게 하는 법률용어나 숙어의 사용에 있어 어떤 부주의한 부분이 존재하기 마련이다. 영국의 자치도시는 — 아주 엄격하게 말하자면 시장(Mayor), 시참사회원(Aldermen), 그리고 자치도시 시민(Bürgerschaft)은 — 법인이었음에 반해, 영국의 주는 모든 개혁에도

104) [역자주] 원래 중세의 (자치)도시는 자체적인 정치조직과 법률(도시법; Stadtrecht) 및 자체의 재판권을 가진 독립체였다. 약간 다른 관점에서 볼 경우 이 중세 자치도시단체 내지 자치도시는 그에 속한 시민들에게 자유를 부여함으로써 중세 봉건영주의 지위를 약하게 하고, 그와 더불어 봉건경제와 봉건체제를 무너뜨리게 하는 계기를 마련하였다.

불구하고 여전히 법인이 아니지만 주(州)의회는 또 법인이라는 사실에 외국의 연구자가 순간 멍해지게 될 것임은 충분히 이해된다. 그러나 비록 영국의 현대의 제정법이 주와 자치도시 사이에 무언가 중요한 차이점을 확립하고 있다고는 하지만, 지금까지 언급했던 차이점으로부터 어떤 실질적인 결론이 연역(演繹)될 수 있는지 여부에 대해서는 필자로서도 상당히 의문스럽다. 나아가 그 차이점은 어떠한 중대한 법원리와도 부합(附合)하지 않을 것이라 확신한다.

영국법에 대한 조언: 法理論 定立의 노력 부재

이제 필자는 이 길고 혼란스러운 이야기에 결론을 내려야 한다. 그럼에도 불구하고 레들리히 박사(Dr. Redlich)가 필자 나름대로 작성해왔던 논문에 대해 언급할 수 있도록 한 계기를 마련했던 자치단체(Kommunalverbände)에 관해서는 아직 거의 언급하지 않았다. 그렇기 때문에 여러 가지 목적으로, 영국 사람들이 스스로 이해할 수 있는 것보다 더 영국을 잘 이해할 수 있는 사람들에게 그나마 필자가 할 수 있는 아주 미미한 도움으로는 다음과 같은 것을 들 수 있다. 즉 법인격 없는 자치단체는 그 자체로도 연구가 가능한 것으로 고립된 영역이 아니다. 법인격 없는 자치단체는 우리가 교회법학자로부터 법인이론을 이제 막 차용(借用)하려던 시점 이후로 언제나 친숙하게 느껴온 커다란 개념에 속하는 하나의 작은 영역이라는 점임을 지적하고 싶다. 법기술상의 장치는 다양한 모습의 '법인격 없는 단체(uninkorporierter Körperschaften)'의 존재를 가능하게 했고, 심지어 영국의 법생활 또는 그 일부를 연구하고자 하는 모든 이들의 주목을 이끌어 낼 만한 충분한 가치를 가지고 있었다. 필자가 한 가지 조언을 하자면, 외국의 연구자들로서는 원래 영국법은 그 중의 하나를 습득할 수 있을지는 몰라도 다른 부분들이 등한시된다면, 그것만으로는 본질적으로 많은 독립한 분야에 연결지을 수 없다는 점을 특히 기억해야 한다는 것이다. 어쩌면 영국법 전체는 어색하기 짝이 없는 것일지도 모른다. 그렇더라도 영국법은 하나의 유기적(有機的)인 통일체이고 그 각 분야는 다른 모든 분야와 밀접하게 관련되어 있다. 예를 들면 어떤 법률가가 영국의 주(州)는 법인격을 부여받지 못하여 법인격을 가지고 있지 않기 때문에 '수동적(passiver)' 사단만 될 수 있을 뿐이라고 말하는 경우를 들 수 있다. 이에 대해서는 영국법에서 보는 관점에서 로마 교회, '웨슬리교파(wesleyanische Konnexion)', 링컨 법조학원(Lincoln's Inn), 런던의 증권거래소, 런던 도서관, 쟈키 클럽(Jockey-Klub) 및 노동조합에 그런 동일한 논의를 그 자신이 적용할 수 있을지 여부를 검토해 보기까지는 논할 바가 못 된다고 생각한다. 더욱이 영국인들은 방대한 이론을 정립하려는 노력을 전혀 기울이지 않았고, 그 점은 지금도 마찬가지임을 기억해야 한다. 지금 표면적으로 존재하는 이론은 차용하여 온 이론으로써 결코 깊이 스며들 수는 없다. 다른 한편 정말로 생명력 있는 원칙은 다른 사람의 눈에는 이상하게 보이는 곳에서 이루어져 왔다.

영국법에 대한 조언: 1889년 制定法의 限界

한편 그렇기 때문에 1889년 이후 영국에서는 아래와 같은 말이 법전(法典)에 기재되어 왔다는 사실을 통해서 법인격(부여)이론이 아주 중요한 요소라는 것을 쉽게 알 수 있다. 즉 "이 법률에서 그리고 이 법률의 시행 후에 가결(可決)되는 모든 법률에서 '인(人, Person)'이라는 표현은 특별한 규정이 없는 한 사람에 의해 구성된 법인조직 또는 비(非)법인조직의 단체를 포함하는 것으로 한다"라는 조항이 그것이다.105) 이와 같은 조항을 규정할 것을 제안할 경우 당장 격렬한 논쟁이 일어날 국가들이 떠오르지만, 다행스럽게도 영국에서는 그러한 일이 전혀 일어나지 않았다는 사실은 그것에 대해 언급하고 있는 지금 이 순간에도 안심이 되는 부분이다. 최근 몇 년 사이에 지방행정에 관한 여러 가지 의회제정법에서 유사한 제정법상의 해석조항(解釋條項)으로 '인(person)'이라는 말을 규정해 왔다.106) 영국의 지방행정기관 몇몇, 예를 들면 '보건부(保健部, Boards of Health)'는 분명히 법인격을 부여받지 않았다. 그래서 '인'이라는 말은 앞서 이야기한 그러한 기관들의 사례에서와 마찬가지 문제에 부딪쳤을 것이라 추측할 수 있다. 앞에서 인용한 1889년의 제정법 조항이 이후 얼마만큼 작용하고 있는지에 대해서는 추정할 수 없다. 물론 필자는 아직까지 그 법조항(法條項)이 어떤 작용을 해내었다는 소식을 듣지 못했다. 그리고 그 조항이 영국의 고전적 법률문헌 안으로 계승되어 왔던 법인격 이론에 대해 우리가 만족하지 않는다는 데 대한 증거로도 취급될 수 없다는 사실이 염려스럽다.

---

105) Interpretation Act, 1889, Sect. 19.

106) Public Health Act, 1872, Sect. 60.

신탁 개념의 적용영역 확장

필자는 또한 여기서 한 가지 더 덧붙이고 싶은 말이 있다. 외국의 법률가들은 아마 영국의 신탁 개념(Begriff)의 공법적 확장(öffentlichrechtliche Ausdehnung)이라고도 일컫는 사실에서 상당한 호기심을 불러일으키면서도 교훈적인 이야기를 찾을 수 있다고 생각하는 듯하다. 따라서 어느 누구도 이하의 내용을 부정(否定)하지는 않을 것이라 여긴다. 비록 이런 종류의 사안을 위한 시대는 지났다고 말하는 사람도 있다고 생각하지만, 어찌 되었든 과거에는 기원(起源)을 사법제도에 둔 여러 관념들이 그 영역 바깥쪽에서 어려운 역할을 해왔다는 사실을 부정하는 사람은 아무도 없을 것이다. 지금 사람들은 영국에서 오랫동안 '신탁'의 대기(大氣) 속에서 호흡하며 생활해왔고, 신탁이 미치는 영향 또한 상당 부분 그들 자신의 일부로 되어버렸기 때문에 그 영향을 스스로 알아차리지 못하고 있다. 수탁자가 "그렇지만 오로지 제3자의 이익을 위해서만 권리를 떠맡을 수 있다"는 사실은 모든 사람들에게 잘 알려진 바이다. 그래서 수탁자는 사망에 의해 퍼져나가는 법적 유추(法的類推)의 중심이 된다. 물론 그가 수임자(受任者, Mandatar)는 아니라는 사실을 기억할 것이다. 그리고 계약으로 그를 신탁수익자에게 구속시키지 못한다. 그는 후견인(後見人, Vormund)도 아님을 기억한다. 신탁수익자는 완전한 행위능력이 있는 자이어야 한다. 또한 신탁수익자가 아예 없다면 당해 신탁의 지위는 '공익목적'인 것으로 간주된다. 우리는 여기에서 필수적인 모든 방식들을 이끌어낼 수 있는 매우 탄력적인 사고(思考)의 형식을 찾을 수 있다.

그렇기 때문에 지방행정의 새로운 기관이 처음에는 우연적으로 그리고 나중에는 일반법으로써 설립된 경우, 그들 기관이 취득하는 재산은 토지이든 금전이든, 단지 '신탁재산(Trusteigentum)'으로만 생각되는 정도가 아니라 그 행정권한이 신탁에 의해 보유된다고 보는 시각은 이치에 맞다. 우리는 이러한 행정권한을 그들 지방행정기관에게 '위탁(委託)하고' 있다고 하거나 그들이 이러한 권한을 '위탁받고' 있다고 말한다. 그러한 경우에 권한을 부여받은 자(Rechtsträger)의 신탁적 성격은 다른 수탁자에 대해 제기된 법적 소송절차에서나 그와 다소 유사한 소송절차에서 분명히 드러난다. 그리고 실질적 문제의 해답은 이러한 단체의 행위를 규제한 정교한 제정법 가운데에서 찾을 수 있기 때문에, 사람들이 그 신탁이 국가를 위한 것인지 지방자치체(Gemeinde)를 위한 것인지 그렇지 않으면 어떤 목적(Zweck)을 위한 것인지의 결정을 크게 염려할 필요가 없다. 어떤 법이론가들이 자신들의 이론의 범주(範疇) 내에 영국 법제도를 위치시키려 한다면 이 같은 상황을 유감스럽게 생각할지도 모른다.

신탁의 公法, 國家學 영역에의 적용

그렇지만 '신탁'은 이러한 영역에 스며들어 있음에 만족하지 못하고 오히려 더욱 영역을 넓혀가 정치권력의 모든 행사자나 정치단체의 모든 기관에까지 자리잡고 있다. 사람들이 영국 신문을 펼쳤을 때, 만일 신문에서 '수탁자(Ttrustee)'라는 말이 '왕관(die Krone)' 또는 어떤 높은 지위의 강력한 단체의 의미로 사용되고 있음을 볼 수 없다면 그것은 불운(不運)한 일이다. 단지 필자의 경험으로 최근에 깨달은 바는 트란스발(Transvaal)[107]은 대표제를 아직 받아들이지 않고 있으므로 대영제국의회(大英帝國議會)는 '식민지의 신탁통치자(信託統治者)'라는 사실이다. 여기에는 은유가 담겨져 있다. 그러므로 신탁은 어떤 법원이 강제할 수 있는 문제가 아니라는 사실을 인정한다고 얘기하는 사람들은 그것은 단지 '정신적인(moralischen)' 신탁에 지나지 않는다고 말할 수 있다. 그러나 필자는, 특히 그것이 정치적 논쟁의 상투적인 문구로 되어버린 경우에는, 법적 은유가 국가학(Staatswissenschaft) 연구자들에게 큰 관심을 불러일으키리라 생각한다. 어디에서 은유가 시작되어 왔는지 설명하는 일은 언제나 쉽지 않다. 제정법으로 동인도 회사(ostindische Kompanie)가 인도에서 취득했던 통치권은 영국 왕실을 위해서 '신탁으로(in Trust)' 보유하고 있는 것이라고 선언했을 때, 그 사실은 아무 근거 없는 주장이 아니라 오히려 중대한 논의의 해결책이었다. 미국의 판사가 미합중국은 쿠바인을 위해 신탁에 의해 쿠바의 주권을 획득하였다고 얘기한 것은 불과 얼마 전의 일이다.

---

107) [역자주] 남아프리카 남동부에 위치한 남아프리카 공화국의 북동부의 주(州)로서 1994년에 폐지되었다. 1830년대 후반의 보어인(Boers)의 대이동으로 나탈(Natal)을 건국한 보어인은 1843년 영국에 의해 나탈 합병이 이루어지게 되어 북쪽으로 이주하고, 그 일부는 발(Vaal)강을 건너 내륙부에 진입하여 개척지를 일궈 정착하였다. 트란스발(Transvaal)은 '발(Vaal)강 너머(Trans)의 지방'이라는 뜻이다. 그 후 1881년 영국 보호하에 자치국(自治國)이 되었다. 1895년 이후 영국의 합병 시도와 이에 대항하는 대통령 크루거(Kruger)의 저항이 계속되다가 1899-1902년 남아프리카 전쟁을 치른 뒤에 영국의 식민지가 되었다.

지금까지 필자는 이미 충분하고도 너무나 많은 이야기를 하였다.[108)]

108) 이 보잘 것 없는 논문을 수많은 저서에서 언급한 것이 그다지 적절했다고는 여겨지지 않는다. 그러나 이하에서 소개하는 것들이 내가 이야기한 여러 가지 문제들을 다루었던 최고의 저서들이다 : Lewin, *Law of Trusts*, Ed., X, 1898; Tudor, *Law of Charities and Mortmain*, Ed., Ⅲ, 1889; Lindley, *Law of Partnership*, Ed., Ⅶ, 1893; Lindley, *Law of Companies*, Ed., Ⅵ, 1902; Pollock, *Digest of the Law of Partnership*, Ed., Ⅶ, 1900; Buckley, *Law and Practice under the Companies Act*, Ed., Ⅷ, 1902; Palmer, *Company Law*, Ed., Ⅱ, 1898; Wertheimer, *Law Relating to Clubs*, Ed., Ⅲ, 1903; Underhill, *Encyclopedia of Forms*, Vol. Ⅲ, 1903, S. 728－814. '유스(uses)' 또는 신탁의 초기역사에 대해서 신기원을 일궈낸 것으로 O. W. Holmes, Early English Equity, *Law Quarterly Review*, Vol. Ⅰ, S. 162.

譯者後記

解題 — 메이틀란드의 「信託과 法人의 歷史」의 理解

1. 信託制度와 그 法的 性質

1) 메이틀란드가 이야기하고 있듯이 어떤 법 내지 제도를 법체계 내로 편입시켜 위치하게 한다는 일이 결코 쉽지 않다는 점은 충분히 이해한다. 그렇기 때문에 주된 법원리(法原理)를 분석하고 그 근원을 찾아보는 일이 무엇보다도 의미 있고 중요한 것임은 굳이 강조하지 않아도 될 것이다. 그러므로 이러한 일, 즉 대상이 되는 문제의 근원을 분석하여 법리의 구체적 내용을 확정해 나가는 데 있어 그와 유사한 법리나 제도를 비교·분석하는 작업이 반드시 선행되어야 한다. 신탁(信託)과 법인(法人)이라는 주제를 접한 우리가 취해야 할 태도도 마찬가지라고 생각한다. 신탁이 추구하는 목적과 법인이 추구하는 목적이 무엇이고 양자가 어떤 과정으로 관계를 이루고 형성되어 왔는지 파악하는 일은 이와 같은 작업의 기초를 마련하는 것임을 누구라도 공감하리라 여겨진다. 본격적인 영국 신탁과 법인에 대한 고찰에 앞서, 메이틀란드는 신탁이 특수

한 목적에서 출발하여 일반적 법제도로서 자리 잡았다는 언급을 오스트리아의 법학자이자 비교법학자인 레틀리히 박사(Dr. Josef Redlich, 1869-1936)의 말을 인용하여 강조하고 있다.

> "신탁이라는 법제도는 원래 영국 토지소유법(土地所有法, das englische Grundeigentumsrecht)의 어떤 필요에서 발생하였지만 점차 일반적 법제도로서 형성되었다. 그리하여 법생활 전 영역에 걸쳐 매우 세련되고 심지어 이상적(理想的)인 형태이기까지 한 관념이 확립되었다."

2) 영국은 법제사적 관점에서 볼 때 섬나라라는 지리적·문화적 요인으로 인해 유럽대륙과는 다른 모습으로 법제도가 형성되어 왔다. 독특한 역사적 배경으로 역사법학(歷史法學)의 발달이 대륙의 다른 나라와 비교해 볼 때 늦어진 이유도 이와 무관하지 않다고 생각한다. 저자인 메이틀란드도 역시 본문 중에서 "영국이 비록 19세기에 가장 주목해야 할 성과 중의 하나인 역사법학의 발전에는 적극적이었다고 할 수는 없지만 …"이라고 표현하고 있다. 이는 영국법사의 전개과정이 지리적 요건이나 다른 환경적 요인과 상관없이 이루어져 온 것이 아님을 잘 나타내고 있는 부분이다. 영국 역사법학은 독일 역사법학파의 영향으로 형성되었지만 그 형성의 동기는 약간 차이가 있다. 독일 역사법학파의 경우는 자연법사상의 법전편찬론에 대한 반동으로 발생하고 국민주의적 요구에서 나온 신비적(神秘的)인 민족정신에 기초한 것으로 알려져 있다. 하지만 영국 역사법학파의 경우는 오스틴(John Austin: 1790-1865)에 의해 창시된 이론법학 또는 분석법학이 공통 원리·개념 설명에 그친 채 법의 정의와 부정의(不正義), 가치판단의 문제에

관심을 두지 않는 편협성에 반대하면서 나온 것이다. 영국의 역사법학파는 독일 역사법학파처럼 입법을 경시하고 관습에서 민족정신(民族精神)의 발현을 모색하려고 하지 않고 입법을 중시하였다. 저자는 이에 대해 "독일법 연구자들의 이론이 영국의 사료에 기인하여 검증되기까지 논쟁이 끊이지 않았다"라고 말하고 있다.

3) 메이틀란드가 활동하던 당시 영국에서 신탁이 물권적(物權的) 권리인가 채권적(債權的) 권리인가에 대한 논쟁이 심하였음을 엿볼 수 있는 부분이 본문 중 몇 군데에서 나타난다. 하지만 그 부분들은 메이틀란드 자신이 신탁을 채권적 권리라고 주장하고 있음을 은연중에 반영하고 있다. 즉 저자는 신탁관계의 기본구조를 채권적인 것으로 파악하고 있다.

영국은 19세기 후반의 1873년 법원법(Judicature Act, 1873)에 의한 법원기구 개편으로 형평법 법원(Court of Equity; Chancery)과 보통법 법원(Common Law Court)이 통합되기 전과 후의 신탁재산에 관한 논의상황이 약간 다르게 나타난다. 즉 법원체제(法院體制) 개혁 전에는 신탁재산에 관해 수탁자가 보통법상 소유권을 가지고 있고, 신탁수익자가 형평법상 소유권을 가지고 있는 것으로 보았다. 이는 신탁재산에 관해 이중적 소유관계가 성립하고 있다고 보는 견해로, 흔히 '신탁재산 이중소유설(二重所有說)' 내지 '신탁재산 이중영유설(二重領有說)'이라고 하며, 당시 이 견해가 지배적이었다. 또한 그 당시, 수탁자는 신탁재산의 보통법상 권원 및 신탁목적에 따라 관리처분을 하기 위한 수탁 소유권을 가지고 있는 것에 불과하고, 신탁수익자가 가지고 있는 수익권은 신탁재산에 관한 물권적 권리라고 주장하는 물권설(物權說)도 존재했었다. 이와 비교할 때 법원제도 개혁 당시, 자세히 말해 개혁 직전과 직후의 시기에는 신탁재산의 소유권이 수탁자에게 완전히 귀속하고 신탁수익자는 신탁목적에 따라 관리·처분할 것을 수탁자에게 요구하는 대인적(對人的) 권리(Jus in personam)를 가진다는 채권설이 메이틀란드에 의해 주장되어 특히 영국 외의 논의에 일정한 영향을 미치게 되었다. 그러나 참고로 현재 영국의 신탁법의 학설은 신탁의 기본구조에 관해 어떤 명확한 이론구성을 드러내지 않는 것으로 보인다.

이러한 배경에서 메이틀란드는 "신탁은 '계약(Contract)'이 가진 보편성과 탄력성을 모두 가지고 있다"고 하면서, 신탁이 일반적 법제도임을 전제로, 신탁수익자의 권리가 물권적인지 채권적인지에 대한 물음에 대해 "… 만일 물권적이라고 한다면 그 대답은 적절하지 못하다. 또 만약 채권적이라고 한다면 그 답 또한 틀리게 알려주는 것이다. 다만 궁극적으로 해석하자면 그 권리는 채권적일 것이다"라고 기술하고 있다. 하지만 저자는 이렇게 기술하면서도 그 다음 문장에서는 "그러나 아주 중요한 여러 가지 실질적 목적에서 신탁수익자의 권리는 물권적인 것처럼 다루어질 수 있고, 실제로도 사람들은 관습적(慣習的)으로 일종의 소유권(所有權, Eigentum)이라고 말하거나 생각하고 있다"라고 이야기하고 있다. 그리고 하이만(Steinthal Heymann: 1823-1889) 책의 내용을 소개하면서 신탁을 물권법 또는 채권법 아래에 두려하는 것을 부정하는 그의 견해에 대해 긍정적인 메시지를 남기고 있다. 메이틀란드가 이렇게 기술하고 있는 의미는 무엇일까? 앞에서 언급한 바와 같이 저자는 신탁의 일반적 법적 성질이 채권이지만 경우에 따라서는 물권적인 모습도 가지는 혼합적인 것이라 생각하고 있음을 엿볼 수 있는 부분이다. 이에 역자는 조심스럽게나마 메이틀란드가 신탁관계의 기본구조를 채권적인 것으로 바라보되, 그러한 입장에서도 완전히 물권적인 부분을 배제하는 것은 아님을 시사하는 것이 아닐까하고 추측한다. 물론 보통법 법원과 형평법 법원이 서로 다른 입장을 견지한 채 오랜 시간 신탁을 평가해 오고 있었음도 그러한 입장의 무시할 수 없는 이유가 될 수도 있을 것이다.

2. 信託理論의 형성과 발전

1) 메이틀란드는 슐츠 박사(Dr. Alfred Schultze)가 언급하는 랑고바르트족(Die langobardische; Lombard)의 유언집행제도를 통해 신탁의 기원이나 그 기본적인 모습을 설명하고 있다. 랑고바르트족은 지금 현재 우리가 생각하고 있는 유언제도를 알지 못해 신탁의 방법으로 그 목적을 달성하였던 것으로 이해된다. 이른바 '유언신탁(遺言信託)'을 통해 그 목적을 달성하였다. 유언자가 신탁설정의 유언을 하고, 사전에 합의나 양해를 통해 재산의 전부나 일부를 수탁자에게 양도하면 그 수탁자는 유언자 내지 양도자가 의도한 목적에 부합되게 신탁재산을 관리하게 된다. 하지만 이러한 수탁자에게도 어느 정도 관리상 방법 선택의 자유가 부여되어 있었다. 현행 신탁법에 비추어 볼 경우 수탁자에게 신탁재산 관리·운용에 대한 어느 정도의 자유재량권(自由裁量權)을 주고 있었던 것이다. 신탁관계가 유언자와 그에 의해 지정된 수탁자 사이의 계약에 의해 성립되는 것이지만, 수탁자에게 물권적 권리를 양도하

는 경우에는 일정한 서면 즉 권리증서(權利證書)를 동시에 양도해야 했다. 물론 저자가 '서임식(Investitur)'을 언급했듯이 당시 부족(部族)에 따라 공시가 될 만한 표식이기만 하면 어느 것이라도 양도의 공시를 하는 것으로 여겼음을 추측할 수 있다. 중세에서는 그런 식으로 성립 요건을 갖추게 되면 당해 수탁자는 "영지수령자, 즉 토지의 용익(用益)과 자유보유부동산(自由保有不動産)의 점유를 인정받았던 자(feoffatus, vestitus et seisitus; feffé, vestu et seisi)"가 되었다고 한다. 이 모두를 랑고바르트족의 예에 비추어 서술하고 있다.

2) 그렇다면 랑고바르트족의 수탁자가 가지는 권리가 과연 현재 우리가 생각하는 완전한 소유권인 것일까? 저자는 몇몇 예에서 그런 경우가 나타나기도 하지만 그것이 보편적인 모습이 아님을 강조한다. 즉 수탁자가 가지는 권리는 완전한 소유권이 아닌 일정한 제한을 받는 소유권이라고 한다. 일정한 제한이 있는 처분권인 것이다. 메이틀란드는 이에 대해 "수탁자는 전술했던 최상급의 권리(optimo jure)를 가진 분여자의 법적 지위와 비교해 볼 경우 그보다 낮은 지위를 점하게 된다"고 서술하고 있다.

한편 슐츠 박사는 이러한 문제의 답으로 '해제조건부 소유권(解除條件附 所有權)'을 주장하고 있다. 슐츠 박사는 이 해제조건을 가진, 즉 "증여의 목적물이 설정목적(設定目的)에 반하는 것인 경우나 설정목적이 어떠한 이유에 의해 달성 불가능한 경우에 성취하게 된다. 그 결과 수탁자 쪽에 있었던 소유권은 소멸하여 다시 인도할 필요도 없이 증여자 또는 그 상속인에게 귀속…"이라는 조건을 가진 소유권임을 주장한다. 하지만 랑고바르트족의 수탁자가 가지는 권리가 과연 현재 우리가 생각하는 완전한 소유권인 것일까라는 물음에 숨어 있는 진정한 의미는 앞에서 언급한 부분들에 있는 것이 아니다. 즉 수탁자가 가진 권리가 해제조건부 소유권인지 여부를 떠나 또는 그것을 굳이 강조하지 않더라도, 문제는 어쨌든 수탁자의 권리는 제한된 것이며 그 제한의 근거가 무엇인가라는 것에 있다. 그리고 권리에 대한 '제한(制限)'의 문제이기 때문에 이는 수탁자와 거래를 하는 제3자에게도 효력을 미치는 부분이기도 하다. 결론적으로 이 문제에서 제3자의 경우, 수탁자인 양도인의 권리가 제한된 것임을 알고 있거나 알 수 있었는지의 문제로 귀결된다고 말할 수 있다. 그리고 이쯤에서 '악의추정이론(惡意推定理論)'이 다시 주된 논점으로 새롭게 제기된다. 저자는 영국 신탁법 학설 대립에서 중요한 위치를 차지하는 이 악의추정이론의 성립배경을 설명하면서 그 전반적 개요를 설명하려 했던 것이다.

3) '악의추정이론' 논의는 수탁자의 신탁위반(信託違反)에서 출발한다. 일반적으로 악의추정이론은 어떤 사실에 대해 인식을 하고 있거나 공정하지 못한 의사는 양심에 반하는 것이라는 사상에서 생겨났다. 물론 이 개념은 형평법만의 독특한 개념이다. 메이틀란드는 신뢰(Fiducia)를 기반으로 성립하는 신탁관계에 있어 수탁자의 신탁위반에 대해 제3자가 거래 상대방으로서 갖추어야 할 요건을 일반적인 영국인들의 사고로 투영하여 이와 관련된 모든 사항을 언급하고 있다. 즉 "영국인들은 영국의 제도는 해제조건부 소유권과는 아무 관계도 없다고 주장할 것이다. 물론 1필의 토지의 소유권은 증서의 인도에 의해서(per traditionem cartae) 양도되었

다. 또한 당연한 이야기이지만 신중한 토지 매수인이라면 누구라도 매수인의 손에 있는 부동산권리증서를 열람하고 나서 … 그러나 '만약 양도인이 법관습에 반해서 부동산권리증서에 관하여 주의를 결한 경우,' 양수인은 합리적인 사람(vernünftiger Mensch)이 행동하는 것처럼 행동하였다면 알 수 있었던 사실 모두를 알고 있었는가의 기준을 적용받더라도 부당하지 않을 것이다. 즉 양수인은 그 모두에 대해 '악의추정'을 받는다. 그 결과로 양수인은 악의추정을 받는 것으로 인해 입게 되는 손해의 결과를 피하지 못한다"라고 설명한다.

그렇다면 이러한 악의추정의 결과로 신탁위반을 한 수탁자와 관련된 이해당사자 간의 권리 의무는 어떤 모습으로 이루어지는 것일까? 물론 이에 대한 설명은 악의추정이 적용된 이후의 문제임은 당연하다. 일반적으로 신탁위반의 경우, 그 신탁위반 사실을 알고 있는 즉 악의로 신탁재산을 양수한 제3자에 대해서는 수탁자에게 신탁재산 양도의 의사가 존재하지 않는다는 사실 또는 대가가 무상인 것인가는 수익권에 의한 추급(追及)의 근거가 되지 못한다. 이 때 수탁자의 신탁수익자에 대한 악의성 있는 행위인 신탁위반에 대하여 악의가 있는 제3자는 수탁자와 공동으로 신탁수익자에 대해 신탁위반 행위를 저질렀다고 평가할 수 있는 경우, 이 경우에는 신탁위반행위의 공동성(共同性)에 기해 제3자와 수탁자가 동일시되어 제3자가 신탁위반을 행한 수탁자로서의 의무와 책임을 신탁수익자에 대해 부담하는 것이 긍정된다. 보다 엄밀히 말하자면, 신탁위반에 있어 악의의 제3자는 수탁자가 신탁수익자에 대하여 부담하는 신탁관계에서 비롯된 의무와 책임을 승계하지는 않는다. 이런 경우 오히려 그 제3자는 수탁자와 공동하여 신탁위반행위를 일으킨 것에 의해 수탁자가 부담하고 있는 의무와 책임과는 다른 수탁자와 동등한 의무와 책임을 신탁수익자에 대해 새롭게 인수하는 것이라고 설명하는 편이 이해하기가 쉬울 것이다. 물론 이러한 경우 그 내면에는 대가의 무상성(無償性), 유상성(有償性)의 구별의 인정여부 문제와 신탁관계 채권설의 입장이 전제되어 있어야 한다.

3. 신탁의 起源과 遺言信託의 관행

1) 신탁의 기원(起源)에 대해서는 여전히 이론(異論)이 많다. 하지만 일반적으로 오늘날의 신탁은 중세에 이르러 발달하기 시작한 영국의 유스(Use)에서 비롯되었다는 것이 일반적인 견해이고 그것은 메이틀란드의 주장이기도 하다. 그렇지만 이러한 유스 이전에 고대 로마시대부터 이미 유스의 기원이 되는 제도가 있었고, 그것에서 계속 발전되어 왔다는 학설도 많은 지지를 받고 있다. 그 몇 가지 학설들을 일반적인 분류 방법에 따라 살펴보자.

첫 번째로, 신탁유증(Fidei Commissum)제도와 신탁[또는 신인(信認), Fiducia]제도가 유스의 기원이라는 견해이다. 로마법상 유증을 받을 수 있는 사람은 로마시민인 당해 법정상속인에 한정되어 있었는데 이와 같은 제한을 회피하기 위해 생겨난 것이 신탁유증이다. 신탁유증은 일단 자격요건(資格要件)이 있는 자를 상속인으로 지정함과 동시에 그 상속인으로 하여금 자격요건에 해당이 없는 자에게 그 재산을 이전할 것을 유언하는 것이다. 자격이 없는 자는 상속 적격(相續 適格)은 아니지만 증여를 받을 수는 있기 때문에 피상속인의 사망 후 자격 해당자로부터 상속재산을 양도받음으로써 사실상 자격 없는 자가 재산을 상속하는 목적을 달성할 수가 있었다. 따라서 신탁유증은 로마법에 있어서 상속인으로 지정될 수 없는 자에 대한 재산양도에 많이 이용되었다. 한편 신탁 또는 신인제도는 일종의 담보설정 방법인 것으로 로마시민법상 제도이다. 담보를 제공해야 할 자인 채무자가 제3자가 담보권자에게 담보목적물을 소유권 이전하면서 종된 계약으로 신탁계약(pactum fiducia)을 체결하였다. 이 계약에 의해 담보권자는 수탁자로 되는 것과 동시에 피담보채권이 소멸한 후에는 다시 목적물의 소유권을 되돌려 주어야 할 의무를 부담하였다. 이 경우 수탁자의 신탁위반에 대해서는 신탁의 소(訴)에 의해 책임을 물을 수 있었다. 이 제도는 중세 이전에 사라졌다.

두 번째로, 살만(Salman) 제도라는 설이다. 이 견해는 중세 이후 수탁자나 유언집행자의 역할을 담당하던 자에 대한 것으로, 중세 초기 게르만족이 그들의 상속인 지정과 양자(養子)의 목적을 위해 관습적으로 이용하던 관행이다. 당시는 피상속인이 상속인 없이 사망한 경우 그의 재산이 국왕에게 부동산 복귀(Estate)되었는데, 살만 제도는 이를 피할 목적으로 나중에 신탁설정자가 지정하는 자인 수익자에게 재산권을 이전하는 것을 조건으로 하여 수탁자인 살만(Salman)에게 일단 재산권을 이전하는 관행(慣行)이었다. 그리고 그 재산권은 피상속인의 생존 중에는 유보시켜 두었다가 피상속인의 사망 후 1년 이내에 수익자에게 이전하는 것으로 정착되었다.

세 번째로, 'Ad opus(무엇을 위한)' 제도라는 견해가 있다. 이 제도는 영국에서 십자군 전쟁 때 출정한 군인이 그의 처자의 생계를 위하여 제3자에게 자기의 토지를 위탁 이전하는 경우 등에 이용된 제3자를 수익자로 한 계약제도(契約制度)였다. 이것은 13세기 초에 성행하였는데 교회 신도들의 기부행위시에 이용되었다. 이 제도에 대해서는 다음 항목에서 자세히 언급하겠다.

위 학설들의 논쟁에 대하여 일반적으로는 게르만의 Salman 관행이 노르만 정복 후에 영국에 소개되고, 그 영향을 받아 Ad opus 제도가 성립되어 이것이 유스로 발전하였다고 보고 있다. 하지만 유스의 기원에 대한 많은 논쟁에도 불구하고 여러 제도의 전파와 발전과정에서 도덕적, 명예상의 의무를 지던 수탁자의 의무를 법률상의 의무인 것으로 부각시킨 데에는 영국법의 역할이 컸음은 분명하다.

2) 위의 신탁 기원에 관한 학설들에 대해 메이틀란드는 "로마법으로부터 영국의 유스의 기원을 찾으려는 시도는 모두 실패"라고 하면서 나름대로의 영국고유기원설(英國固有起源說)을 주장하여 오늘날 영국 법제사학에서는 정설(定說)로 인정받고 있다.

본문 내용 중 "로마법상 신의(信義, fides), 신탁(fiducia) 및 신탁유증(fideicommissum) 등의 언급에 대하여 의문이 생기지 않을 수 없는데, 오히려 이들 단어를 '신탁'이라는 영국의 새로운 법제도가 등장한 초창기의 문서에서는 찾아볼 수 없다는 사실에 주목해야 한다. 'Trust'라는 단어도 그렇다고 볼 수 있다. 이들 뿐만 아니라 모두 ad opus(무엇을 위한)이라는 표현 영역에 속하고 있었다" 는 부분을 주목할 필요가 있다. 이는 메이틀란드가 주장하는 유스(use) 기원에 대한 'Ad opus'설을 뒷받침하는 근거이기도 하다.

하지만 현재 유스의 어원에 대해서는 메이틀란드가 주장하는 바와 같이 'ad opus'에서 유래되었다는 견해와 로마법상의 'usus'가 전해져 변화되어 온 것이라고 보는 견해가 대립하고 있다. 그리고 유스의 기원 내지 신탁의 기원에 대해서는 일반적으로 게르만의 '살만(Salman)'관행이 1066-1072년에 걸친 노르만 정복 후에 영국에 소개되고 그 영향을 받아 'Ad opus'제도가 형성되어 이것이 '유스'로, 이후 지금 신탁의 모습으로 발전하고 있다고 보고 있다. 어찌하였던 메이틀란드가 랑고바르트족의 유언집행제도의 예를 들고 있는 것처럼, 유언과 관련한 토지 이전의 관행에서 신탁의 기원을 설명하려는 노력은 충분한 설득력이 있다고 생각한다.

3) 그렇다면 수탁자의 존재 필요성은 무엇일까? 메이틀란드는 그 부분에 있어 보통법이 제 역할을 다하지 못했음을 언급한다. 그는 "보통법(Common Law)은 사망시에 특히 그가 고귀한 사람의 신하인 경우에 유언에 의해 토지를 남기는 것을 억제하기 위해 더욱더 철저하게 압박해 왔음을 관찰할 수 있다"고 기술하고 있다. 이러한 현상의 주된 이유는 영국 법사학적으로 볼 때, 신탁법은 거의가 배타적으로 형평법 법원에 의해 발전되어온 형평법적인 것이고, 보통법은 비교적 완전한 체계를 이루고 있기는 했지만 주된 관심영역이 형사법과 헌법에 있었다는 데서 기인한다. 비록 형평법이 보통법의 결함을 보충하기 위해 발전되어왔다고는 하지만 적어도 신탁 영역에서 만큼은 그렇지 않았다.

이야기를 되돌려 수탁자의 필요성은 국왕, 영주와 그에 속한 가신(家臣)간의 대립에서 알 수 있다고 저자는 말하고 있다. 노르망디공(Normandy公) 윌리엄(William Ⅰ)이 영국의 잉글랜드 지방을 침공한 사건인 노르만 정복 후, 프랑스의 봉건제가 도입되어 당시 영국에 존재하던 봉건제적 요소들이 더욱 분명해졌다. 일반적으로 봉건영주(封建領主)가 그에게 봉사(奉仕)하는 조건으로 토지를 부여하는데, 그 토지 부여는 완전한 법적 권리인 소유권의 양도가 아니라, 어디까지나 영주에게 제한을 받는 권리의 이전이었다. 즉 주종제(主從制, Vassalage) 내지 주종관계에 있는 봉신(封臣)은 영주에 의한 봉토수령자로서 자신의 봉토를 자기에게 속한 가솔(家率)들에게 남겨주면서 영주에게 이익이 돌아가지 않기를 원했을 것이고, 영주의 입장에서는 어떻게든 자기의 이익을 지키려 노력했을 것이다. 이 부분에서 저자는 '게르만의 합유제'를 이용하여 이를 설명하려 하였으며 영국에서는 그 게르만의 합유제를 대체할 다른 무언가를 찾아 고심하였음을 피력하고 있다. 저자의 이러한 설명은 유스부 영지공시양도(유스附 領地公示讓渡) 관행을 언급하기 위해서였음을 본문에서 확인할 수 있다.

4) 유스부 영지공시양도의 관행은 봉건적 토지소유의 세습이 금지된 데에서 기인하였다. 중세에는 봉신이 사망할 경우 그 토지가 군주에게 부동산 복귀하게 되는 것이 원칙이었다. 저자는 헨리 8세(Henry Ⅷ)의 예를 들고 있다. 헨리 8세 자신은 유언서(遺言書)에서 자기의 재산이 자신의 영혼을 기리고, 또 처자식들을 부양하기 위한 기금으로 유언집행인에 의해 운영되어지기를 바랐다. 즉 '누구를 위해서'라는 단어가 문서에서 나타남으로써 이런 관행이 일반화되었다고 보는 것이다. 하지만 이러한 관행은 저지되어야만 했다. 이런 관행의 일반화는 영주들을 비롯한 상류계층에 속한 가진 자들에게는 분명 불리했을 것이기 때문이다. 즉 이 관행은 영주가 그의 영민(領民)들에게 양도하였던 부동산권을 비롯한 여러

권리들을 복귀시키고 또 그 권리들을 유지하기 위해 영민들이 영주에게 지불해야 했던 이익금 및 세금 등 수입원이 줄어들게 하는 원인이 되었기 때문이다. 이에 대한 법원의 판단도 역시 혼란스러웠음은 두 말할 필요도 없다. 이러한 혼란스러운 상황을 일거에 해결할 수 있는 법적 장치가 필요했다. 그것은 '수탁자'라는 보호장벽이었다.

5) 그렇다면 이러한 유스의 관행은 어떻게 해서 발전되어 왔는지 일반적으로 문헌에서 소개되고 있는 사실들을 시간 단계별로 간단히 정리해 보겠다.

우선, 첫 번째 단계(유스 관행의 발생시부터 15세기 초까지)는, 영국의 경우 십자군 전쟁(1096-1270)으로 인해 출정한 남자들의 처 등 잔존가족들을 위해 토지를 제3자에게 이전해 두는 데에서 많은 이용이 있었고, 프란체스코파 수도회의 포교활동 과정에서 받은 기부의 수단으로도 많이 이용되었다. 즉 당시 수도회는 개인자격으로나 단체의 이름으로 재산을 소유하는 것이 전면 금지되어 있었는데, 신도들이 유스를 이용하여 토지나 가옥을 수도회와 수도사가 거주하는 자치도시단체(自治都市團體)에 양도하고 자치도시단체는 수도회를 위하여 양도받은 토지 등을 관리함으로써 교단의 재정적인 기초를 마련하였다. 그 후, 14세기에 이르러서는 토지나 가옥에 관한 유스는 점차 봉건적 부담의 회피와 제3자나 이용자 자신의 이익을 위해서도 널리 활용되었다. 하지만 법적인 관점에서 유스는 보통법 법원에 의하여 보호되지 못하였고, 형평법 법원도 그 때까지 이에 대한 관할권을 가지고 있지 않았다. 따라서 유스는 도덕적 의무로서 존재할 뿐 법적 지위가 부여된 것은 아니었다.

두 번째 단계[15세기 초부터 1535년 유스법(Statute of Uses) 제정 전까지] 시기에서는 유스가 일반화되어 귀족들뿐만 아니라 신흥재력가들까지도 유스를 이용하게 되었다. 하지만 수탁자의 신탁위반에 대한 피해가 속출하여 그 구제와 제재에 전력하였다. 즉 수익자는 보통법상의 구제를 받을 수 없었기 때문에, 수익자의 권리를 어떻게 법률적으로 보호할 수 있는가가 중요한 문제로 등장하였다. 1402년에 형평법의 대법관부 법원(大法官附 法院)은 유스 수익자의 권리를 형평법상 소유권으로 인정하고, '형평법은 보통법에 따른다'는 원칙에 의해 수익권(受益權)에 대해서 보통법상 부동산권의 법리를 적용하여 물권적인 대항력(對抗力)을 인정하였다. 요컨대 형평법 법원은 수탁자의 의무이행을 강제하거나, 수탁자의 상속인이나 유스 목적물의 양수자에 대해서도 신탁재산의 원상회복을 명할 수 있게 되었다. 이러한 계기로 신탁관련 법리가 본격적으로 형성・발전되기 시작하였다.

세 번째 단계(1535년 유스법 제정 이후부터 17세기 초까지)에 이르러서 유스법은 위기에 처했으며, 헨리 8세의 치세(治世) 때에는 극에 달하였다. 중앙집권적 봉건제도 기반이 흔들리자 그것을 유지하고자 헨리 8세는 1535년 유스법에서 보통법상 권리와 형평법상 권리를 달리 취급하는 영국법의 태도를 바꿔 통일하고자 하였다. 하지만 위에서 언급한 것처럼 이 유스법 제정의 본래 의도는, 비록 표면적으로는 수익자가 갖는 형평법상의 권리를 보통법상의 권리로 전환시킨다는 명분이었지만, 실제로는 국왕 중심의 봉건제도를 유지하고 국왕이 토지를 광범위하게 취득할 수 있게 함으로써 재원을 확보하는 데 그 목적이 있었다.

네 번째 단계(17세기 이후부터 유스 쇠퇴기까지)는 유스법의 쇠퇴와 몰락기라 할 수 있는데, 1535년 유스법을 통해 봉건제를 유지하려던 목적과는 달리, 봉건제가 몰락하게 됨으로써 유스법 자체의 존재의미가 퇴색해버렸다. 또한 17세기 초기에 이중(二重)유스의 유효성이 승인됨으로써 유스법이 거의 제 기능을 잃게 되고, 봉건적 부담이 대부분 폐지됨으로써 유스법은 완전히 무의미하게 되었다. 이처럼 이중유스가 합법화되고 유스법의 의미가 없어짐에 따라 두 번에 걸친 유스형식을 취하지 않고서도 바로 신탁을 설정할 수 있는 '유스법 적용이 없는 유스'가 출현하였다. 이와 같이 재구성된 유스를 'Trust'라고 부르고 이 용어는 일반적으로 유스라는 용어 대신 사용하게 되었다. 한동안 유스법에 의한 유스와 이 'Trust'라는 용어는 혼용되어 사용되었다. 이 용어는 유스를 부활시킨 것이지만, 중세의 유스를 그대로 부활·계승한 것이 아닌 17세기경부터 '신탁'이라는 용어와 함께 새로 발달한 제도라고 보는 것이 일반적이다.

4. 신탁 利害當事者 間의 권리보호

1) 메이틀란드는 관점을 옮겨 신탁수익자가 가지는 권리에 대해서 이야기하고 있다. 신탁수익자는 신탁설정자가 신탁의 이익을 주려고 의도한 자 또는 그러한 권리를 승계한 자를 일컫는다. 원래 신탁은 신탁수익자를 위하여 설정되는 것이고, 신탁수익자는 신탁의 이익을 향수하는 주체로서 수탁자 및 신탁재산과 더불어 신탁의 기본요소를 이룬다. 여기서는 과연 그러한 신탁수익자의

권리가 누구에 대해서 어떤 효력을 가지는 것인가가 문제의 핵심이다. 저자는 이에 대해 "신탁수익자의 여러 권리가 영국의 중세 토지법이 풍부하게 담고 있는 내용인 다양한 소유권(Eigentum) 형식과 유사한 어떤 것 내지는 소유권 자체로 취급되고 있다는 점 … 신탁수익자는 토지 자체가 아니라 '유스(Nutznießung; use)'에 대한 '부동산권(不動産權, Estate)'을 가지고 있었다"라고 언급하고 있다. 즉 신탁수익자는 중세에 다양하게 인정되던 부동산권을 가지고 있었다.

그렇다면 이 부동산권이라는 것은 무엇일까? 부동산권은 토지 점유의 시기(始期)·종기(終期) 및 조건을 주된 내용으로 하여 그 범위가 나누어지는 토지에 대한 재산권 관념이어서, 토지보유자(tenure)와 더불어, 영국의 중세 부동산법의 기본적 개념이었다. 여기에는 재산을 점유·수익하는 권리의 종기를 기준으로 역사적으로 인정해왔던 권리 종류로서 단순영지권, 제한영지권, 생애권, 잔여권, 종기권 등이 있었다. 부동산권을 보유하는 자는 자기의 부동산권과 같거나 그보다 작은 부동산권을 타인에게 설정하도록 하는 일정한 제한은 있지만, 동시에 여기에 자유로이 해제조건(解除條件) 및 정지조건(停止條件)을 붙일 수 있었다. 이러한 부동산권 중 권리의 종기를 정하지도 않고 조건도 없는 절대적 단순영지권(絶對的 單純領地權, fee simple absolute)이었는데 그것은 기능적으로는 대륙법(大陸法)의 소유권과 유사하다고 할 수 있는 것이었다. 이 모든 것들은 무형의 권리인 '유스'와는 달리, 어떤 실체를 가지는 것으로 진정한 소유의 대상물이 된다고 할 수 있는 권리들이었다.

신탁수익자의 이런 권리는 수탁자에 대해서 행사되었는데, 물론 수탁자의 상속인이 그 신탁재산을 상속받는다면 그에 대해서도 일정기간 그의 권리를 행사할 수 있었고, 나아가 수탁자의 권리를 승계하는 자 모두에 대해 행사 가능하였다.

2) 한편 수탁자가 보유하는 신탁재산이 제3자, 즉 양수인에게 이전된다면 어떠한 문제가 발생하는가? 이러한 물음은 신탁수익자가 그의 권리(부동산권)를 수탁자에게뿐만 아니라 나아가 양수인인 제3자에게도 주장 가능한가 라는 문제와 결부된다. 결론적으로 말하면 행사가능하다. 하지만 이 부분에 대해서 저자는 앞에서도 잠시 설명한 바 있는 악의추정이론을 설명하고자 하는 궁극적 목적을 가지고 있는 것으로 보인다. 메이틀란드는 곧 사실(事實)의 인식이 악의추정으로 연결되는 것임을 설명하고 있다. 부동산의 양수인이 당해 부동산이 신탁된 재산임을 모르는 데 있어 권원조사해태(懈怠)의 위반여부 판단이 이에 대한 문제의 핵심이자 해결점이 된다. 곧 사실의 인식을 전제로 하기 때문에 당해 사례의 목적물과 관련된 사실을 알지 못한 데 대한 책임은 전적으로 목적물 양수인이 지는 것으로 한다는 것이다. 즉 양수인은 악의추정을 받는다. 악의추정에 대해 메이틀란드는 "만일 토지양수인이 자기에게 이익이 될 수 있도록 행위를 하는 신중한 매수자로서 행위를 하였다면 알 수 있었을 것인 신탁수익자의 권리 전부에 대해서 알고 있다고 추정된다"라고 기술하면서, "비록 그가 악의(dolus)의 책임을 지는 것은 아니라 할지라도 악의에 상당한 부주의에 의한 과실책임(過失責任)을 지게 된다. 그 스스로가 이 모든 상황이 보이지 않게끔 아예 자신의 눈을 감아버렸기 때문이다"라고 하였다.

또 하나의 문제는 '앞의 악의에 상당한 부주의'에서의 그러한 주의의무(注意義務)의 판단 기준인데, 형평법 법원은 상당히 높은 정도의 주의의무인 '합리적인 사람'이라는 것을 그 기준으로 삼았다. 아무래도 합리적인 사람이라는 기준은 당시에 살고 있던 일반인과 비교했을 경우, 상당히 신중하고도 지적수준이 높은 사람을 일컫는 것으로 그 기준의 정도가 높았던 것임이 분명하다. 이러한 높은 수준의 기준을 요구하는 것은 아마도 당시 영국에 신탁이 일반화되어 있었기 때문이라고 본다면 당연하게 받아들여질 수도 있는 부분이다. 어쨌든 현재에 이르기까지 그 기준이 다소 낮아지고 있음은 어쩌면 당연한 일이라 생각한다.

3) 당시에는 신탁수익자의 권리보호 문제에 대해 보통법과 형평법이 각각 다른 태도를 취하고 있었다. 보통법상으로는 수탁자가 보유하는 신탁재산의 소유권은 완전한 것이었고, 형평법상으로는 그렇지가 않았다. 그래서 형평법 법원인 대법관부 법원은 신탁수익자의 권리보호에 치중하는 경향을 나타냈다. 그 방편의 일환으로 대법관부 법원은 수탁자에게 고도의 성실함과 충실의무(忠實義務)를 요구함으로써 신탁수익자의 권리보호를 꾀하였다. 즉 이러한 사실은 수탁자의 신탁위반에 대한 제재의 모습으로 구체화되었다. 하지만 신탁위반에 대한 제재와는 별도로 신탁수익자의 이익을 위해 어떤 법적 장치 또는 보호장치가 필요하였다. 여기서 '법인격 없는 사단'의 존재가 그 해결책이 되어 주었다. 메이틀란드는 "어떻게 해서 영국의 '법인격 없는 사단(uninkorporierten Köperschaften)'이 수탁자라는 장벽(障壁) 뒤에서 존속하고 번영해왔는지를 이해하는 사람이라면, 비록 진정한 '물(物)의 지배권(Dominium rei)'이라고는 부를 수 없다 하더라도, 신탁수익자의 권리가 단순한 약속의 이익

이라기보다는 더욱 더 우수한 무엇이라는 것을 이해해야 할 것이다"라고 하면서 '법인격 없는 사단'의 존재 의미를 강조한다.

5. 종교의 자유와 公益信託

1) 영국에서 신탁이 언제나 번성해왔던 것이 아님은 어쩌면 당연한 이치인지도 모른다. 중세에서 신탁의 활용은 주로 유언에 의한 재산승계(財産承繼)의 효과를 대신하는 것에 있었기 때문에, 그것으로 인해 손해를 입게 되는 자의 입장에서는 강력한 제재조치가 불가피하였다. 그러므로 신탁의 활용은 주춤할 수밖에 없었으리라 생각된다. 예를 들어 헨리 8세(Henry Ⅷ)의 신탁에 대한 제재의 노력도 이미 사람들 사이에 일반화되어버린 관행을 저지할 수는 없었다. 바꿔 말해 '승계적 부동산권설정(承繼的 不動産權設定)'이 점차 그리고 상당히 일반화되어 있었다. 초기의 승계적 부동산권설정은 대토지 소유자 즉 귀족계층에서 행해져 왔지만 점차 일반화되어 신흥재산가들 사이에서도 성행하였다.

한편, 저자는 '혼인승계적 부동산권설정'에 대해서 비교적 자세히 언급하고 있는데, 혼인승계적 부동산권설정은 다른 승계적 부동산권설정의 경우와 마찬가지로 신탁과 관련이 깊은 것이지만 유언 자유의 최소한의 확보라는 측면과도 관계된다. 혼인승계적 부동산권설정은 혼인을 약속하면서 혼인 전에 어떠한 권리에 대해 그 귀속을 미리 정해 놓는 것으로 부부재산계약(夫婦財産契約)의 일종이라 할 수 있다. 그런데 그렇게 혼인승계적 부동산권설정 부부 중 일방이 사망하거나 양자 모두 사망시 그 권리 내지는 재산을 영주가 아닌 가족 생존자에게 승계시킬 수가 있었다. 이것은 국왕이나 영주 등의 귀족들에게는 세원이나 이익이 감소하는 주된 요인이 되었다. 이것이 계기가 되어 점점 가산(家産)에 대한 처의 지위를 높여주는 제도나 법률들이 설립되기에 이르렀다.

2) 메이틀란드는 독일의 영조물(Anstalt) 내지는 재단(Stiftung)에 해당하는 영국의 개체가 존재해왔음을 피력하고 있다. 이른바 '단독법인(單獨法人, Corporation Sole)'이 그것이다. 어떤 개체의 사람이나 인적 단체에 법인격 부여를 시도한 것이었는데 흔히 구성원이 1인인 것으로 인위적인 법주체가 되는 것으로 보고 있다. 이 단독법인을 "성공하지 못한 법인격 부여의 시도였던 것이다. 돌이켜보면 단독법인은 자연인이거나 법률상으로 미성숙(未成熟)한 것으로 보인다"라고 평가하고 있다. 즉 그것을 영조물과 인간의 일종의 혼성물(混成物)이거나 그와 유사한 어떤 종류로 보고 있는 것이다. 정확한 개념 정의는 어려우나 법인격 부여 시도의 초기 모습이라 생각된다. 저자도 역시 이 영국의 단독법인이라는 개념에 대해서 법인격 부여의 최초 모습이라는 것 외에 큰 의미를 갖지 않는 것으로 다루고 있다. 그러므로 "과거 장기간 동안 영국법의 이 분야는 성장(成長)을 멈추어 버렸다. 그렇기 때문에 필자는 새로운 '단독법인'을 마주하는 운명이 되지 않았으면 하는 바람이 있다"라고 말하고 있다.

3) 공익신탁 개념은 영국 신탁법사에 있어 가장 중요한 부분 중의 하나이다. 저자에 의하면 영국법은 '독립영조물(selbständige Anstalt)'의 관념 대신 '비독립영조물(unselbständige Anstalt)'의 관념이

오래 전부터 발전되어 왔기 때문에 독일 법학문헌에서 볼 수 있는 '영조물(Anstalt)' 및 '재단(Stiftung)'에 개념이 없었다 하더라도 큰 문제가 없다고 한다. 왜냐하면 영국법에는 독일의 영조물이나 재단에 대비되는 '공익신탁(Charity)'이 일찍부터 자리잡고 있었기 때문이다. 물론 영국법의 '공익신탁' 개념이 독일의 법률가들이 알고 있는 '영조물' 및 '재단' 전체를 포괄하지는 못할 수도 있겠지만 공익신탁이 유사한 역할을 담당했음은 분명하다.

한편 공익신탁에 있어 중요한 문제는 과연 '공익목적'이 무엇인가로 집중되는데, 애초에 신탁설정자의 (공익)목적 의도에 따라 수탁자가 신탁재산을 운용하고 있는지 판단을 하고 나서야 신탁위반이나 남용 등의 새로운 문제가 발생할 수 있기 때문이다. 일반적으로 어떤 합리적인 사람이 공중(公衆) 또는 어느 정도 다수(多數) 내지 불특정의 개개인에게 직접적인 이익을 가져다주는 것으로 볼 수 있는 '목적(Zweck)'을 '공익목적'이라고 말한다. 영국에 있어 공익신탁의 경우가 종교나 자선과 밀접한 관계를 가지고 있음은 굳이 강조하지 않더라도 영국 국교(國教)의 역사를 생각해 본다면 쉽게 알 수 있다.

그리고 또다른 문제는 공익신탁의 경우 신탁이 기본적으로 가지는 탄력성으로 인해 그 목적변경이 용이하여 이에 대한 관리감독이 언제나 문제였다는 사실이다. 신탁관계에서 외부적 대표자 지위를 가지는 수탁자의 자의(自意)에 의한 목적변경행위를 규제하는 것은 중세에서는 법무장관의 몫이었지만 1853년 이후로는 공익위원회(公益委員會, Charity Commissioners)의 몫이었다. 하지만 이 위원회가 제 역할을 다하지 못했음은 본문 내용에서도 저자가 언급하고 있다. 즉 "위원회는 그야말로 통제(統制)라기보다는 오히려 지휘감독을 하였다. 게다가 새로운 재단의 설립을 억제하는 일과는 전혀 거리가 멀었고, 영국은 더 나아가 1891년에 1736년 이후 유언으로 이루어지는 공익신탁에 의한 토지의 증여를 제한하던 법률을 폐지(廢止)하였다"라고 부정적인 언급을 하고 있다. 요즘과 마찬가지로 예전에도 공익신탁이나 공익법인의 관리감독기관의 감독기준이나 태도에 대한 불만이 존재하고 있었음을 보여주는 부분이다.

4) 공익신탁에서 수탁자를 누구로 하느냐 역시 중요한 부분이다. 즉 수탁자를 법인 등의 단체로 할 것인지 개인으로 할 것인지가 문제된다. 저자는 종교의 자유와 신탁의 상관관계에서 이에 대한 해답을 찾고자 한다. 즉, "영국 공익활동(公益活動)의 많은 개혁자들은 공익신탁이 '법인'이 아니라 '자연인(自然人)'에게 위탁되는 것을 의식적으로 꺼려하고 있었음을 주목할 필요가 있다. … 하지만 이 유력한 견해의 결과로 언젠가는 죽기 마련인 운명을 가진 인간이 비독립재단의 거점지(據點地)가 된 경우에 피할 수 없이 이루어지는 소유권의 이전을 단순화하고 저렴화하기 위한 온갖 수단의 방지책이 의회에 의해 고안되었다. … 영국인에게 '종교의 자유(religiöser Freiheit)'가 의미하는 것은 모두 신탁의 설정과 밀접하게 결부되어 있다. 잠시 동안이나마 종교의 관용(寬容)이 인정되는 시대가 도래하였을 때, 어느 정도 신교의 자유를 허용받은 종파(宗派)에서 필요로 하는 것을 전부 신속하게 제공할 수 있는 신탁이 존재하고 있었다"라고 기술하고 있다. 결국 영국에서는 수탁자 문제에 대한 해결점의 결론으로 영조물이나 단체를 선택하였다. 물론 그러한 선택 뒤에는 또다른 선택의 문제가 남아 있다. 어쨌

든 영국에서 공익신탁의 문제는 종교와 그 개혁의 역사적 흐름과 깊은 관계가 있음을 부정할 수는 없다.

6. 法人格 附與와 신탁

1) 신탁제도가 단체에게는 보호장벽을 제공한다는 표현은 법인과 관련하여 중요한 의미를 내포하고 있다. 이것은 당시 영국인들이 법인격을 부여받는 것을 꺼려하는 성향이 있었다는 사실에서도 잘 나타나고 있다시피 단체가 법인격 없이 존속할 수 있는 토대를 신탁이 제공해 주었던 것이다. 왜냐하면 단체에 법인격이 부여되어 법인화되는 순간 법인제도가 만들어 놓은 국가로부터의 갖가지 제재의 대상이 되기 때문이다. 이렇듯 법인격의 부여를 꺼려하는 경향은 메이틀란드가 들고 있는 영국 법조학원(Inns of Court), 로이즈(Lloyd's) 커피점, 쟈키 클럽(Jockey Klub) 등의 예에서도 잘 알 수 있다. 이들 단체는 법인격 없는 사단의 상태로 자신들의 사단이 유지되기를 원했었다는 공통점을 가진다. 그리고 이러한 모든 사례들에서 그들 단체는 신탁이 제공하는 보호장벽의 배후에서 전통적 법인이론으로부터 자신들을 숨기고 있었음을 보여준다. 이것이 '신탁이 제공하는 보호장벽'의 진정한 의미이다.

또 한 가지 이와 관련하여 흥미로운 사실은 그들 단체는 자신들 나름대로의 재판권(裁判權)과 규칙(規則)을 가지고 있었다는 사실이다. 법인격 없는 단체는 자체의 재판권을 가지고 있었는데, 이들 단체가 구성원에게 행사하는 구성원에 대한 권한인 '준사법적(準司法的, quasi-judizielle)' 권한은 그 단체가 영국 법원에 의해 취급되었을 때의 형식보다도 더 사법적(司法的)인 것이었다. 뿐만 아니라 그러한 단체의 규칙이라는 것도 어떻게 보면 단체 구성원 사이의 묵시적 계약, 즉 다수의 회원들 간의 계약인 것과 다를 바 없지만, 현실적인 이유에서 그것 자체를 문제 삼을 수는 없었다. 즉 메이틀란드 역시도 단체의 규칙에 대해 “회원 중 누구도 자신이 체결한 것이라 생각할 수 없는 다수의 묵시적(默示的) 계약을 가정해야 한다. 왜냐하면 신규회원의 선출시 신(新)회원과 구(舊)회원 양자 모두의 사이에서 신규계약이 이루어진 모습과 다를 바 없기 때문이다. 그러나 우리도 잘 알고 있다시피 모든 법정의 판사는 적어도 하나 이상의 클럽에 회원으로 속해 있기 때문에, 비록 백 개의 묵시적 계약이 발견된다고 할지라도 거의 예외 없이 적정한 결론의 인용(認容) 판결을 내릴 수밖에 없다”라고 하고 있다. 다분히 현실적인 이유에서, 무제한적이기까지 한 법인격 없는 단체들의 준사법적 권한이나 규칙들에 대한 제재를 할 수가 없었고, 단체는 그러한 여러 권한들을 계속 유지하기 위해서라도 법인격을 부여받는 것을 꺼려했을 것이다.

영국의 법인격 없는 단체들은 신탁이 제공하는 보호 아래 엄청난 수가 존재하였고 점점 더 성장해가고 있었다. 국가의 입장에서는 법인격 없는 단체를 제재하고 과세대상으로 하기 위해 법제도권(法制度圈) 내로 끌어와야만 했는데, 그 일환으로 몇몇 조치들이 나타났음을 메이틀란드의 표현을 통해서 짐작할 수 있다. 즉 본문 내용 중에 “시간이 흘러감에 따라 이러한 이론을 배척하려는 듯한 몇 가지 징후가 나타났다. 국가는 법인에게 과세(課稅)를 함으로써 클럽에 대해서도 세금을 부과하기 시작하였다”고 하고 있는바, 이것이 그러한 사정을 나타내고 있다. 하지만 이러한 징후도 현실적으로 볼 때 판단을 해야 하는 법관들이 그들 단체에 하나 이상 속해 있었기 때문에 그 결과는 뻔하였다.

2) 메이틀란드는 영국의 클럽과 독일법상 조합의 구별을 또 하나의 논점으로 다루고 있다. 먼저 양자의 구별을 어떻게 할 수 있는가 라는 것이다. 클럽의 초창기에는 그것을 조합으로 다루고자 했다. 하지만 그러한 노력은 헛된 것이고, 논의거리도 되지 못한다고 저자는 말한다. 다시 말해 조합은 이미 오래 전부터 확립된 조직인 것이다. 메이틀란드는 "조합(Gesellschaft)에 걸맞은 영어 단어는 'partnership'이고 사단(Verein)에 적합한 영어 단어는 'society' 라는 것이 현재의 결론임을 알 수 있다"라고 일축하고 있다. 그렇다면 과연 이들 클럽과 조합의 구별실익은 무엇일까? 클럽이 조합과 동일시될 수 없다는 것을 전제로 할 때 이 구별의 실익은 대표자의 외부에 대한 또는 외부와의 어떠한 법률행위들에서 나타난다. 예를 들어 구성원들의 불법행위능력(不法行爲能力)과 그 손해배상(損害賠償)의 문제나 당해 단체의 재산귀속이나 분배의 문제 등에서 확연하게 드러난다. 저자는 이 모든 부분을 함축하여 "영국 클럽의 위원회가 당해 클럽의 업무로 명시된 활동범위 내에서 회원들을 대표하여 계약을 체결할 일반적 권한을 갖고 있지 않다는 데에 그 실익이 있다"라고 하고 있다. 그리고 클럽재산의 성질에 대해서는 기르케 박사의 말을 인용하여 "사단(클럽) 재산은 … 그 때 당시 존재하는 구성원에게 … 귀속한다. 그러나 조합재산(사단재산)으로서 그것은 조합목적(사단목적)을 달성하기 위해 존재하는 재산이므로 구성원의 잔여재산과 구별되고, 더욱이 지분은 분할되지 않으며 조합원(사단사원) 전원에게 공동으로 귀속하는 특별재산

(特別財産, Sondervermögen)이다. 그리고 이러한 면에 있어서 법인의 재산과 유사하다"라고 설명한다. 즉 양자는 엄연히 다른 것임은 두 말할 필요도 없는 것이다. 현재 우리법이 단체의 소유형태 내지 공동소유의 형태에 대해 게르만적 분류법인 3분법[공유(Miteigentum), 합유(Gesamthandseigentum), 총유(Gesamteigentum)]으로 분류하고 있음에 비추어 볼 때, 저자가 말하는 클럽과 조합의 구분은 더욱 명확해지지 않을까 라고 생각된다.

3) 위기감을 느낀 국가는 법인격을 부여받기 꺼려하는 단체에 대해 법은 편의제공과 함께 그 조건을 상당히 완화하였다. 즉 1862년 회사법에 의하면 "어떤 일곱 명의 사람들 또는 그 이상의 사람들이 무엇인가 합법적(合法的) 목적을 위해 같이 모인 경우에는 법인설립이 가능하였다"라고 하여 조건을 완화하면서, 동시에 "어떠한 국가기관의 인가도 필요하지 않고 정치적(politische) 단체, 사회정책적(sozialpolitische) 단체 또는 종교적(religiöse) 단체이어야 함을 구속하는 예외규정도 전혀 없다"라는 편의도 역시 제공하였다. 하지만 이러한 조건완화와 편의제공에도 불구하고 영국의 전통적 클럽들, 즉 부와 명예 그리고 오랜 역사를 지닌 클럽들은 국가가 제공하는 편의를 거절해 오고 있다. 이러한 현상은 단순히 비용 즉 세금납부의 회피와 관련된 것만은 아니었다. 그 주된 이유는 아무리 그렇다 하더라도 법인격을 부여받는 법인으로서 존속하는 것보다도 법인격 없이 신탁형태로 존속하는 편이 낫다는 영국인의 오랜 경험이었다.

7. 신탁의 作用과 適用領域 확장

1) 메이틀란드는 헨리 8세(Henry Ⅷ)의 말 속에서 신탁과 법인의 진실에 관한 언급을 찾아내고자 한다. 헨리 8세는 "영지공시양도(領地公示讓渡)에 의해 … 법인이 아닌 개인들 사이의 일반적 동의에 따라 … 창설된 동업조합(guilds), 친목단체(fraternities), 자치단체(comminalties), 회사(companies), 또는 동업단체(brotherheads) … 를 위한 토지의 … 신탁이 설정된 … 경우 … 토지가 영구적으로 양도된 경우와 마찬가지로 … 국왕 … 그리고 그 외의 다른 영주 또는 국왕의 신민(臣民)에게 손실과 불이익이 … 된다. …"라고 하고 있지만 사실은 그렇지가 않았다. 국왕의 신탁에 대한 부정적 표현과 법제정에도 불구하고 이미 신탁의 보호 아래에 존재하고 있는 단체들이 무수히 존재하고 있었으며, 법률가라 불리는 이들조차도 국왕의 편은 아니었다. 법조학원이나 영국의 갖가지 클럽에서 본 것과 같이 법률가들도 그러한 법인격 없는 단체들 중 하나 이상의 단체 구성원이었기 때문에 결코 공평한 판단을 내려줄 수 없었다.

한편으로, 저자는 지방자치단체 속에서 신탁이 이루고 있는 업적에 대해서도 언급하고 있다. 13세기의 주에 대해서 그것이 18세기의 주보다도 훨씬 법인격에 근접해 있음을 강조하면서 "혹시라도 영국의 주가 결코 지방행정구역의 수준으로까지 떨어지지 않고 있거나, 그나이스트(Gneist)가 그러한 명칭 아래 기록해 놓은 색다른 체계 속에 '자치(Self－Government)'의 일정한 요소가 언제나 존재하고 있다고 한다면 그것은 대부분 신탁의 작용 때문이다. … 신탁의 업적은 법인 자격이란 것이 마치 국왕이 기술적 이익으로 사고 팔 수 있는 물건과도 같다고 생각할 수도 있음을 우리에게 가르쳐 주었다는 데 있다"라고 국가의 단체에의 법인격 부여노력의 억지스러움을 비판함과 동시에 신탁의 역할을 긍정하고 있는 것으로 보인다.

2) 영국의 경우 공법과 사법의 형식상의 명확한 구분이 없었기 때문에 지금 우리가 사법상 사단(社團)이라 부르는 것과 공법상의 영조물(營造物)이라 할 수 있는 자치단체 간의 상호작용(相互作用)이 오히려 더 원활했었는지도 모른다고 메이틀란드는 설명한다. 그러면서 이들 단체가 결국에는 신탁의 발전에 의해 성장해 나갔으며 마찬가지로 단체가 가지는 규칙 제정권 등도 신탁이 행한 업적의 일부였음을 강조하고 있다. 이 말의 진정한 의미는 이들 단체가 계속해서 법인격 부여를 거부하기 위해 노력했으므로 '공공적 성질을 가지는 신탁'이 그 역할을 대신하였다는 사실에서 더 잘 알 수 있다. 즉 이러한 현상의 결과로 영국의 '공익신탁'의 발전을 이루는 실질적 원동력이 된 것이다.

3) 메이틀란드는 마지막으로 영국과 영국법에 대한 조언을 하고 있다. 즉 영국법에 있어 '법인격 없는 단체'는 아직 연구가 미미한 영역이지만 그렇다고 해서 절대로 고립되어 있는 부분은 아니라고 한다. 저자의 표현대로는 "법인격 없는 자치단체는 그 자체로도 연구가 가능한 것으로 고립된 영역이 아니다. 법인격 없는 자치단체는 우리가 교회법학자로부터 법인이론을 이제 막 차용(借用)하려던 시점 이후로 언제나 친숙하게 느껴온 커다란 개념에 속하는 하나의 작은 영역이라는 점임을 지적하고 싶다. … 외국의

연구자들로서는 원래 영국법은 그 중의 하나를 습득할 수 있을지는 몰라도 다른 부분들이 등한시된다면, 그것만으로는 본질적으로 많은 독립한 분야에 연결지을 수 없다는 점을 특히 기억해야 한다는 것이다." 그리고 덧붙여서 인(人, Person)에 대한 제정법의 작용에 대해서 언급하고 있다. 저자는 포괄적으로 규정하고 있는 인(人) 내지 인격(人格)에 대한 제정법의 실질적인 작용이 거의 없음을 염려하고 있다. 저자가 생존해있던 당시의 일임은 어느 정도 이해하겠지만, 당시까지 여전히 법인격 부여는 단체들로서는 부담스러운 것으로 인식되고 있었다는 반증(反證)임을 알 수 있다.

결론적으로 저자는 신탁 개념의 공법적 확장과 국가적 확장을 언급하면서 신탁이 사법(私法)의 영역, 나아가 공법(公法)의 영역에 만족하지 않고 이미 국가학(國家學)의 영역에까지 스며들고 있음을 역설하고 있다. 끝으로 메이틀란드가 사람들이 영국법, 아니 더 넓게는 전세계 법제사에 있어 이 귀중한 신탁이 작용해왔던 일들을 깨닫지 못하고 있음을 안타까워하는데, 이를 기술하고 있는 부분을 인용하면서 두서없고 미흡하기 짝이 없는 해제(解題)를 마치고자 한다.

> "비록 (신탁과 같은) 이런 종류의 사안을 위한 시대는 지났다고 말하는 사람도 있다고 생각하지만, 어찌 되었든 과거에는 기원(起源)을 사법제도에 둔 여러 관념들이 그 영역 바깥쪽에서 어려운 역할을 해왔다는 사실을 부정하는 사람은 아무도 없을 것이다. 지금 사람들은 영국에서 오랫동안 '신탁'의 대기(大氣) 속에서 호흡하며 생활해 왔고, 신탁이 미치는 영향 또한 상당 부분 그들 자신의 일부로 되어 버렸기 때문에 그 영향을 스스로 알아차리지 못하고 있다."

메이틀란드의 一生과 業績

– Frederic William Maitland (1850.5.28 ~ 1906.12.19) –

메이틀란드(Frederic William Maitland)는 1850년 5월 28일 영국 런던에서 태어나서 1906년 12월 19일 카나리아 라스 팔마에서 사망하였다. 그는 암흑시대(Dark Ages)의 역사가이자 조부(祖父)였던 샤뮤엘 R. 메이틀란드(Samuel R. Maitland)의 손자였다. 메이틀란드는 이튼과 트리니티 대학, 케임브리지 대학에서 철학이 지닌 고도의 특이성을 깨달았으며, 시드윅(Henry Sidgwick)의 영향을 받았다. 그는 링컨 법조학원(Lincoln's Inn)에 1872년에 입학하여 1876년에 변호사 자격을 취득하였다. 그러나 곧 그의 주된 관심은 실체법에서 실체법의 역사로 옮겨가기 시작했다. 그리하여 그는 1884년 케임브리지 대학으로부터 영국법 강사로 초빙되어 학자로서 첫걸음을 내딛게 되었고, 1888년에 교수로 취임하여 이후 그가 생을 마칠 때까지 그 자리에 남아 있었다.

그러나 그는 자신이 이룩한 업적을 발전시키고 유지시켜 나갈 수 있는 제자를 두지 않았다. 그는 그의 특수분야에서 학자로서의 업적을 쌓아가는 것보다도, 오히려 이와 같은 법의 기초 위에서 일반 대학생들에게 이론강의를 하는 것이 그의 교수로서의 의무라 여겼는데, 이것은 영국 대학구조의 특징이기도 하다. 그렇지만 그의 교수로서의 직위는 그가 병이 들어 남쪽 지방으로 내려가 마침내 생을 다한 시점까지도 그 자신에게 상당한 집필의 기쁨을 맛보게 해주었다. 그는 교수직에 있으면서 엄청난 양의 창조적이고도 생산적인 업적들을 이룩하였다.

또 한 가지 흥미로운 사실은 메이틀란드는 폴록(Frederick Pollock : 1845-1937)과 개인적 친분뿐만 아니라 학문적으로도 교감하는 부분이 많았다는 것이다. 폴록은 영국법에 있어 전통적 경험주의를 주창하여, 이후 법의 본질로부터 제재의 부분을 배제하고 법의무설(法義務說)을 주장하여 법의 도덕적 성격을 강조한 굿하트(Arthur L. Goodhart : 1891-1978)에게 영향을 준 인물이기도 하다. 그런 폴록과 메이틀란드와의 두터운 친분은 영국법사학(英國法史學)에 있어 중요한 면으로 작용하였기에 잘 알려져 있다. 하지만 법제사가로서 메이틀란드가 가장 영향을 많이 받았던 자가 또 한명 있었다. 즉, 그의 영국법사의 기원에 대한 기록에서는 러시아 역사학자인 비노그라도프(Paul Vinogradoff : 1854-1925)를 소개하면서 그에게 경의와 감사를 표하고 있다. 영미의 역사학파에 대해서 조금이라도 관심이 있는 독자들이라면 잘 알고 있는 바와 같이, 비노그라도프는 『고대법(*The Ancient Law, 1861*)』의 저자이자 영국 역사학파의 창시자격인 메인(Henry Summer Maine : 1822-1888)의 학풍을 계승하여 더욱 발전시킨 사람으로, 그의 저서 '법에서의 상식(*Common Sense in Law, 1914*)'은 저명하다. 이러한 비노그라도프와의 학문적 교류 등으로 메이틀란드의 전문적 지식은 아주 빠르게 원숙의 단계에 이른 것으로 평가받고 있다.

그의 처녀작이자 학문적 성과에 중요한 역할을 했던 저서로는, '*Pleas of the Crown for the County of Gloucester*, 1884'이다. 그 후로 계속하여 '*Bracton's Note-Book*, 1887', '*Select Pleas of the Crown*, 1888', '*Select Pleas in Manorial Courts*, 1889', '*Three Rolls of the King's Court*, 1194-1195, 1891', '*Records of the Parliament of 1305*, 1893',

'*The Mirror of Justices*, 1895', '*Select Passages from Bracton and Azo*, 1895', '*Year Books of Edward Ⅱ, as far as 1310*, 1903–1906' 등을 발표하였다. 메이틀란드는 영국 역사의 근거 내지 원인을 밝히고자 하는 사람들 사이에서는 높은 위치를 차지하고 있었다. 그는 프랑스 법 연감의 어려운 문제들과 같은 분야에 대한 편집물 작업도 줄이지 않았다. 그러나 그의 모든 저서들의 특징은 번뜩이는 스타일과 우수한 관점에서 다양한 지식들의 이해를 보여주고 있다는 데 있다. 게다가 이들 편집물들과 수많은 에세이들은 대부분 세 권으로 이루어진 그의 '*Collected Papers*'로 집성되었다. 가장 중요한 저작물로 뽑을 수 있는 것들은, '*Domesday Book and Beyond*, 1897', '*Township and Borough*, 1898', '*Roman Canon Law in the Church of England*, 1898', 기르케의 저작을 번역한 것인 '*Political Theories of the Middle Ages*, 1900', 그리고 뛰어난 강의안이었던 '*England Law and the Renaissance*, 1901', '*The Constitutional History of England*, 1908' 등이 있다. 그리고 폴록과 공동 집필한 것으로 '*History of England Law before the Time of Edward* Ⅰ, 1895'는 그의 대표적인 작품으로 꼽힌다.

영국법사학자로서 메이틀란드는 결코 다른 법사학자들과 같이 취급되어서는 안 된다고 생각한다. 이러한 표현에 대해서는 그가 영국법의 기반을 확립하는 데 있어 영국의 다른 근대 법학자들 중에서도 가장 큰 공헌자임을 생각하면 누구라도 공감할 것이다. 물론 이러한 사실을 인정하는 문구가 그의 저작물을 평전했던 많은 저서들에서 찾아볼 수 있다. 그야말로 메이틀란드는 근대 영국 법사에서 가장 영향력 있는 법학자였다. 그는 변호사 자격이 있었음에도 형식과 권위에 얽매인 법률가(法律家)로서가 아니라 법학자

(法學者)로 생을 살았다. 그는 모든 것을 구체적인 시각에서 바라보는 재능을 가지고 철학의 힘을 분석해 결합하였다. 그리고 위대한 역사가이라면 누구나가 지녀야 하는 덕목인 인간에 대한 연민과 분명한 이해력, 번뜩이는 통찰력, 증명의 섬세한 감각도 가지고 있었다. 그에게 있어 법의 역사는 형식(形式)의 역사가 아닌 이상(理想)으로서의 역사였다. 이 점은 그가 한 "과거에서의 인간의 사고는 우리에게 다시 한 번 생각을 하게 한다"라는 말을 통해서 잘 알 수 있다. 그리고 법은 관념적인 것이 아닌 "삶으로부터 연유하는 것"이라고 연감에서 기술하고 있다. 또한 그는 "영국법은 영국의 역사이다"라고 말하고 있다. 그러므로 그는 분명히 대륙의 배경 속에 있다는 일반적인 영국법에 대한 시각에 반대하고 있었음을 알 수 있다. 메이틀란드는 다른 많은 법학자들과는 달리 몇몇 일반원칙들을 위해 인생의 다양하고 복잡한 현상들을 줄이려 노력하지 않았다. 대신, 전혀 분명하지 않는 부분들에 대해서 오히려 더 명백히 하기 위해 노력하였다. 그렇더라도 그는 다각화된 초점으로 현상들을 비추고 다양화시켜 그 속에서 모든 주제들에 대하여 관념지어 왔기 때문에 지나치게 분명한 결론을 얻는 것에 대해서는 부정하였다.

메이틀란드가 생존하고 있을 당시 영국의 법이 암흑기이자 낙후해 있었다는 사실은 영국의 법학자들도 부인하지 않는 사실이다. 그렇기 때문에 영국 법제사와 사회사 부분을 세계적 수준으로 끌어올린 메이틀란드를 이해하려는 시도들이 많이 이루어져 왔다. 앞에서 언급하였던 부분 이외에도 메이틀란드의 법에 대한 깊은 철학 또는 관념을 언급하고 있는 저서들이 영미법을 전공하고 있는 독자들에게는 생소한 것은 아니라 생각된다. 그의 생애를 평가하면서 결론을 내리자면, 메이틀란드는 그 시대 영국의 유명한 법률가들인 메인이나 비노그라도프 등과 함께 근대 영국 법학, 특히 신탁의 기원지라 할 수 있는 영국의 신탁법이나 종교법뿐만 아니라 영국법사학 전반에 걸쳐 체계를 마련한 학자로 영국법사에 있어 없어서는 안 될 인물이다. 앞으로 국내에서도 메이틀란드의 학문적 성과에 대한 많은 연구가 필요하다고 생각된다.

英國法制史 및 英國信託法 자료목록

본서의 이해뿐만 아니라 영국법제사와 영국신탁법을 더 깊이 알고자 하는 독자들을 위해서 관련 자료들을 정리해보았다.

1. 영국법제사 관련 자료

Baker, J. H., *An Introduction to English Legal History*, 1971.

Barbour, Willard T., *The History of Contract in Early English Equity*, 1914.

Blackstone, W., *Commentaries of the Law of England*, Vol. II, 1830.

Buckland, W., *A Text-Book of Roman Law*, 3rd ed., 1975.

Buckland, W. & McNair, A. D., *Roman Law and Common Law*, 1952.

Chafee, Zechariah & Simpson, Sidney P. & Maloney, John P., *Cases on Equity*, 1934.

Duguid, C., *Story of the Stock Exchange*, 1901.

Friedmann, Wolfgang, *Contribution of English Equity to the Idea of an International Equity Tribunal*, 1935.

George Spence, *The Equitable Jurisdiction of the Court of Chancery*, 1849.

Goodhart, Arthur L., *English Law and The Moral Law*, 1953.

Hallam, Henry, *Middle Ages*, Vol. Ⅲ, 1837.

____________, *The Constitutional History of England : from the accession of Henry Ⅶ to the death of George II*, 5th ed., 1846.

Hanbury, H. G., *Essays in Equity*, 1934.

____________., *Modern Equity*, 1935.

Hohfeld, Wesley N., *Fundamental Legal Conceptions as applied in Judicial Reasoning and other Legal Essays*, 1919.

Holdsworth, William S. & Hanbury, H. G., *Elements of English Law*, 6th ed., 1959.

Holdsworth, William S., *History of English Law*, Vol. Ⅳ, 1924.

Holmes, Oliver W., "Early English equity," *Collected Legal Papers*, 1920.

_______________., *The Common Law*, 1881.

Jenks, Edward, *A Short History of English Law : from the earliest times to the end of the year*, 1912.

Kenny, Courtney S., *The History of the Law of England : as to the effects of marriage on property and on the wife's legal capacity*, 1879.

Kocourek, Albert & Wigmore, John H., *Sources of Ancient and Primitive Law*, 1915.

Lauterpacht, Hersch, *Private Law Sources and Analogies of International Law*, 1927.

Leonard, E. M., *The Early History of English Poor Relief*, 1900.

Lindley, Nathaniel, *A Treatise on the Law of Partnership : including its application to companies*, 4th ed., 1878.

Maine, Henry Sumner, *Ancient Law : its connection with the early history of society and its relation to modern ideas*, 1861.

Maitland, F. W., *Bracton's Note Book*, 1887.

____________., *Domesday and Beyond*, 1897.

____________., *Equity*, 1909.

____________., *Equity, also the forms of action at common law, two courses of lectures*, 1916.

Maitland, F. W. & Montague, F. C., *A Sketch of English Legal History*, 1899.

Maitland, F. W. & Pollock, F., *The History of English Law — Before The Time of Edward I*, Vol. Ⅰ. II, 1895.

Martin, F., *History of Lloyd's*, 1876.

Maudsley, R. H. & Martin, J. E., *Modern Equity*, 11th ed., 1981.

Nicholls, George, *A History of the English Poor Law, in connection with the state of the country and the condition of the people*, 1898.

Nichols, J., *Royal Wills*, 1780.

Nicholson, J. S., *The History of the English Corn Laws*, 1904.

Plucknett, Theodore F. T., *A Concise History of the Common Law*, 2nd ed., 1936.

Pollock, F., *First Book of Jurisprudence*, 6th ed., 1929.

________., *The Land Laws*, 3rd ed., 1896.

Pomeroy, J. N., *Equity Jurisprudence*, Vol. I, 1941.

Raban, Sandra, *Mortmain Legislation and the English Church 1279-1500*, 1982.

Relton, F. B., *Fire Insurance Companies*, 1893.

Rommen, Heinrich A., *The Natural Law : a study in legal and social history and philosophy*, 1955.

Siebert, W., *Das Rechtsgeschäftliche Treuhandverhältnis*, 1933.

Stubbs, W., *Select Charters and other Illustration of English Constitutional History : from the earliest times to the reign of Edward the first*, 1881.

Tudor, Owen D., *Law of Charities and Mortmain*, 3rd ed., 1889.

Whittaker, William J., "Land Companies," *Cambridge Law Journal*, Vol. Ⅴ, No. 3, 1935.

Winfield, Percy H., *Province of the Law of Tort*, 1931.

________________., *The Chief Sources of English Legal History*, 1925.

2. 영국신탁법 관련 자료

Ames, James B., "Origin of Uses and Trust," *Lectures on Legal History and Micellaneous Legal Essays*, 1930.

Baker, J. H., "The Use upon an Use in Equity 1558-1625," *The Law quarterly Review*, Vol. 93, 1977.

Banks, Walter, *Lewin's Practical Treatise on the Law of Trusts*, 13th ed., 1928.

Bates, L. T., "Common Law Express Trusts in French Law," *Yale Law Journal*, Vol. 40, 1931-2.

Bentwich, Norman, *The Mandates System*, 1930.

Bogert, George G. & Bogert, George T., *Handbook of the Law of Trusts*, 3rd ed., 1952.

Bogert, George G. & Oaks, Dallin H. & Hansen, H. R. & Neeleman, Stanley D., *Cases and Text on the Law of Trusts*, 3rd ed., 1958.

Buckley, H. B., *Law and Practice under the Companies Act*, 8th ed., 1902.

Champernowne, F. G. & Johnston, Henry, *The Trustee Act, 1893, and other Recent Statutes relating to Trustees*, 1904.

Chesterman, M., Charities, *Trusts and Social Welfare*, 1979.

Cracknell, D. G., *Law Relating to Charities*, 2nd ed., 1983.

Dobris, Joel C., "New Forms of Private Trusts for the Twenty-First Century — Principal and Income," *31 Real Property, Probate and Trust Journal*, Spring 1996.

Dobris, Joel C. & Sterk, Stewart E. & Leslie, Melanie B., *Estates and Trusts : Cases and Materials*, 2nd ed., 2002.

Edwards, Richard & Stockwell, Nigel, *Trusts and Equity : Foundation Studies in Law*, 7th ed., 2005.

Gardner, Simon, *An Introduction to the Law of Trusts*, 1990.

Geoffrey Gilbert, *The Law of Uses and Trusts*, 3rd ed., 1811.

Geoffrey Morse & Francis Beaufort P., *Palmer's Company Law*, 2nd ed., 1898.

Hanbury, H. G., *Godefroi on the Law of Trusts and Trustees*, 5th ed., 1927.

Hayton, D. J., *Fundamental Principles of Law, The Law of Trusts*, 2nd ed., 1993.

Hayton, David J. & Mitchell, Charles, *Commentary and Cases on the Law of Trusts and Equitable Remedies*, 9th ed., 1991.

Heymann, H., *Trustee and Trustee-Company im deutschen Rechtsverkehr*, 1910.

Holdsworth, William S., "The English Trust : Its Origins and Influence in English Law," *Revue d'Histoire du Droit,* tome Ⅳ, 4e éd., fascicule, 1923.

Hudson, Alastair, *Equity and Trusts*, 2nd ed., 2001.

Johnston, David, *The Roman Law of Trusts*, 1988.

Keeton, G. W., "Modern Development in Law of Trusts," *Northern Ireland Legal Quarterly*, 1971.

Keeton, G. W. & Sheridan, L. A., *The Modern Law of Charities*, 3rd ed., 1983.

Langbein, John H., "The Secret Life of the Trust : The Trust as an Instrument of Commerce," *Yale Law Journal*, Vol. 107, 1997.

Lauterpacht, H. & McNair, A. D., *Annual Digest of Public International Law Cases, Years of 1927 and 1928*, 1931.

Lepaulle, P., "Civil Law Substitutes for Trusts," *Yale Law Journal*, Vol. 36, 1926-7.

Lindley, Nathaniel, *A Treatise on the Law of Partnership : including its application to companies*, 4th ed., 1878.

Maitland, F. W., "The Origin of Uses," *Harvard Law Review*, Vol. Ⅷ, 1894.

Mark, Reutlinger, *Will, Trusts, and Estates : Essential Terms and Concepts*, 1993.

Maurice, S. G. & Parker, D. B., *Tudor on Charities*, 7th ed., 1984.

Moffat, Graham, *Trusts Law, Text and Materials*, 1999.

Oppenheim, Lassa, *International Law*, Vol. Ⅰ, 4th ed., 1928.

Pearce, Robert A. & Stevens, John, *The Law of Trusts and Equitable Obligations*, 2nd ed., 1998.

Pettit, P. H., *Equity and the Law of Trusts*, 6th ed., 1989.

Picarda, H., *The Law and Practice Relating to Charities*, 1977.

Pollock, F., *Digest of the Law of Partnership*, 6th ed., 1895.

Posner, Richard A., *Economic Analysis of Law*, 5th ed., 1998.

Riddall, J. G., *The Law of Trusts*, 2nd ed., 1982.

Robert, L. M., *Wills and Trusts in a Nutshell*, 1994.

Scott, A. W., "Protective Trusts," *Harvard Legal Essays*, 1934.

__________., *The Law of Trusts*, Vol. Ⅰ-Ⅵ, 3rd ed., 1967.

Shenkman, Martin, *The Complete Book of Trusts*, 2nd ed., 1997.

Stoyanovsky, J., *La Théorie Générale des Mandats Internationaux*, 1925.

Underhill, Arthur, *A Concise Manual of the Law Relating to Private Trusts and Trustees*, 1878.

______________, *Encyclopedia of Forms*, Vol. Ⅲ, 1903.

______________, *Law Relating to Clubs*, 3rd ed., 1903.

Walker. D. M., *The Oxford Companion to Law*, 1980.

Wertheimer, John, *Wertheimer's Law Relating to Clubs*, 3rd ed., 1903.

찾 아 보 기

ㄷ

ㄹ

ㅁ

ㅂ

ㅅ

ㅇ

ㅈ

ㅊ

ㅌ

ㅍ

ㅎ

■ 역자 소개 ■

■ 현병철

현 한양대학교 법과대학 교수 겸 한양사이버대학교 학장
한국비교사법학회 회장 역임(현 고문)
한국법학교수회 수석부회장 역임
제4회 한국법률가대회 대회장
(저서) 『민법판례해설 Ⅰ, Ⅱ, Ⅲ』(공저),
『담보에 관한 법률지식』(공저) 외 다수
(연구논문) "무효의 연구", "부당이득 반환청구권의 범위" 외 다수

■ 최현태

한양대학교 법과대학 대학원 졸업
(법학석사 : 우리나라 공익법인과 공익신탁제도의 비교 연구 – 2005)
한양대학교 법과대학 대학원 박사과정 수료(민법전공)
현 경기대학교 강사
(연구논문) "신탁의 기초적 변경에 관한 소고"
"고령사회의 노부모부양문제의 한계와 해결방안"

신탁과 법인의 역사

2007년 8월 1일 초판인쇄
2007년 8월 10일 초판발행

저 자 F. W. Maitland
역 자 현병철 · 최현태
발행인 이 방 원
발행처 세창출판사
서울시 서대문구 냉천동 182 냉천빌딩 4층
전화 · 723-8660 팩스 · 720-4579
E-mail: sc1992@empal.com homepage: www.sechangpub.co.kr
신고번호: 제 300-1990-63 호

정가 18,000 원

ISBN 978-89-8411-173-8 93360